U0084642

FORMOSA

張良澤 監修 ● 戴嘉玲 編譯

原住民寫真&解說集

台灣原住民分布圖

種　族　別		人口
Atayal	（泰雅族）	36,660人
Saisiyat	（賽夏族）	1,566人
Bunun	（布農族）	17,672人
Tsou	（曹族）	2,204人
Paiwan	（排灣族）	44,316人
Ami	（阿美族）	50,052人
Yami	（雅美族）	1,729人
（昭和12年，1937年調查）合計		154,199人

	Peipo	（平埔族）
ⓐ	Ketagalan	（凱達格蘭族）
ⓑ	Kavalan	（卡瓦蘭族）
ⓒ	Taokas	（道卡斯族）
ⓓ	Pazehe	（拍宰海族）
ⓔ	Papora	（拍瀑拉族）
ⓕ	Babuza	（巴布薩族）
ⓖ	Hoanya	（洪雅族）
ⓗ	Siraya	（西拉雅族）
ⓘ	Makatao	（馬卡道族）

淡水川　淡水　ⓐ
桃園　ⓐ　臺北　基隆　ⓐ
鳳山溪　ⓑ
新竹　宜蘭　ⓑ　濁水溪
ⓒ　ⓑ
大甲溪　ⓒ　大霸尖山
ⓓ　次高山
ⓔ　合歡山
臺中　ⓓ　ⓑ
ⓕ　彰化　埔里　霧社　花蓮港　花蓮溪
ⓔ　ⓒ　ⓓ　ⓑ
濁水溪　ⓕ　ⓕ　集々　ⓖ
ⓕ　ⓖ
ⓖ　秀姑巒山　ⓗ
嘉義　新高山　玉里
ⓖ　ⓗ　ⓗ
ⓗ　ⓘ
ⓗ　臺南　ⓘ
高雄　屏東　臺東　火燒島
ⓘ　大武山
下淡水溪
大武
恒春　紅頭嶼
澎湖諸島

臺灣地方全圖

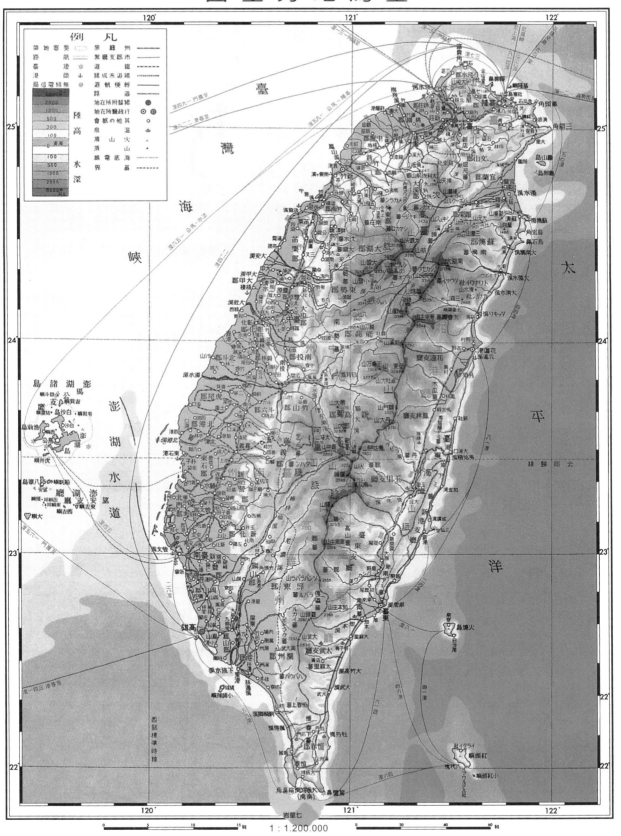

1 : 1.200.000

（取自『日本地理風俗大系』，誠文堂新光社，1936年2月25日發行）

序

自從戴嘉玲小姐駐進了我在日本共立女子大學的研究室以後，很會幫我整理滿室的雜物，也很會挖我的寶。

原先我蒐藏了幾千張的日治時代的台灣風物明信片，打算將來分門別類地編輯成書，讓後人了解台灣的一些原貌，不料，這也被戴小姐挖了出來。當然這是她第一次看到的眞正的「美麗島」。興奮之餘，建議我提前公之於世。

其實我早在1985年8月就已將部份原住民圖片彙集成書，題爲《Formosa台灣原住民の風俗》，請一位日本友人上野惠司教授幫我潤飾文字，由東京的白帝社以精裝出版。此書一出，不敢說是洛陽爲之紙貴，但至少引起了日本學界的小小注目。

書價昂貴（當年定價日幣7,000円，貴死人），不料未久就賣光。出版社要再版，我反對。就這樣成了絕版書了。現在偶而在舊書店出現，售價都在兩三萬円以上，眞正成了「珍書」了。

我反對再版的理由是：我只憑1970年夏天帶成大學生去東部深山採訪一次布農族之外，便靠三十年來蒐集的圖片、書籍，東湊西拼，看來豐盛不已。哪曉得書一出來之後，就接到幾位日本專家的指正，說我哪張圖片的解說有錯，以及幾張圖片有重複。害得我羞愧不已。畢竟外行充內行，明眼人一看就看出破綻。從此，我絕口不提這本書。

事隔十五年，戴小姐又重新刺痛我的瘡疤。她說她願意重新替我訂正圖片，而前衛林文欽社長也垂涎了十五年（當年他要求我授權給他出版國內版，遭我拒絕）。我想，永遠躲躲藏藏也不是辦法，就乾脆答應讓它重見天日。

可是我知道戴小姐也不比我內行（她只是喜歡原住民的歌喉和率眞，愛跟原住民的帥哥一起拍照而已），因此我只答應提供資料而不掛名，有功有過，由她自己負責。

沒想到她竟然那麼耐心地挑呀挑，選呀選，譯呀譯，埋頭苦幹了近半年。有時我看她在翻譯文章的時候，會突然自己對自己笑出來。我問她笑什麼？她說她滿腦子都是「哆哥哆社」啦，「肚肚齊社」啦，好像變成了倉頡再世的造字專家，也好像遊魂於奇異世界。

如今這本「奇書」呈現於國人的眼前，即使沒有什麼學術價值，但至少令一個只知中國而不知台灣的外省女郎變得如此執迷於她所生所長的台灣，這就夠值回票價了。

張良澤

序於真理大學台灣文學資料館
公元2000年1月15日

原版序

最近二十年來，我為了找尋自身的起源，四處蒐集台灣的相關資料，不知不覺間，手邊除了文獻資料之外，明信片和相片總計已超過了數千張。

這些相片資料（部分是有色印刷）全拍攝於日本統治台灣的五十年期間(1895～1945)。

攝影之確定年代不詳，也不知相中人的姓名。每次翻看這些相片，總讓我想起幼年時被大人（日本警察）的兒子當馬騎，幼稚園的女老師用有香水味的手帕幫我拭淚，穿長皮靴在村役所當獸醫的威嚴的父親，還有村民們送戰士出征時的壯烈場面，以及征戰後不久，抱著用白布包裹的小木盒回來時的悲感情景。

客觀參閱這些相片和文獻，可以追溯幾千年前已住在這個島嶼的原住民和四百年前移住這島上的漢人的生活習俗，甚至可以看到台灣社會在強大的帝國主義統治之下，邁向近代化的建設過程和各地鄉鎮急遽變遷的樣貌。

這次，我嘗試用這些相片編成一本原住民的相關著作。我既非歷史學家，也不是民俗學和人類學的專家，而膽敢編著此書，並取名《台灣原住民的風俗》，只因一心想把祖先的足跡留傳給後世。

早在中國明末清初的混亂時期，為避走亂世而漂泊至台灣島尋找新天地的漢人已與「漢化」的原住民通婚。現在的台灣人，除了戰後來自中國大陸的「外省人」之外，身上或多或少都有原住民的血緣。因此，那些遠古即已定居台灣的原住民，可以說是我們共同的祖先吧。

他們為了確保營生的地域，付出巨大的犧牲，好不容易才守住台灣的大自然資源。然而，到了近代，手持文明利器的外來民族不斷奪走他們的營生之地，強迫改變他們的生活方式，至今已面臨民族命脈存亡絕續的危機。

特別是日本統治的五十年間，為開發山地，比前時代更徹底地實行「理蕃政策」，也伴隨著更綿密的蕃地調查。因此，始終蒙上神祕色彩的原住民的風俗民情首次被詳實地記載，他們的身影也大量地被拍攝下來。姑且不論這項政治措施的是非功過，這龐大的文獻資料保留至今，已成為留住少數民族樣貌的重要文化遺產。

我在探索這些文化遺產，緬懷我們祖先走過的苦難之路的同時，也希望讓現代人再次回顧被壓迫的原住民的歷史，此或許有助於反省自己的文明。我與上野惠司兄共同編著這本書，正是基於這種心情。

張良澤

1985年7月於日本

目次

編 輯 要 旨

1. 本書所收錄的相片，全是日本統治時代（1895年～1945年）所拍攝的。在此之前，原住民的生活自太古時代以來就沒有什麼改變。所以，也可以說這些相片保留了太古時代以來的原住民風貌。因此，本書不只是日本統治時代的原住民生活紀錄，也可看做是太古時代以來的原住民生活縮影。

2. 黑白相片集中在前面，彩色相片放在後面。其一是為了印刷上的方便，其二也是為了顯示相片原本的製作年代，是由黑白而彩色。

3. 各項的說明是參考各種文獻摘要下來的，除針對每一頁的相片直接說明其內容之外，也提供相片相關的背景資料。為避免繁瑣，說明文字中之參考書籍及引用文獻，不逐一列出，統於本書卷末一併列舉。這一點，請各原作者鑒諒。

4. 為了更能瞭解日本佔領時代的世態與想法，所參考、引用的文獻限於同時代出版之刊物。唯為了消除種族歧視，編者儘量將日文中的〝差別用語〞更易之。譬如：「蕃人」→原住民。「蕃族」→種族。「蕃社」→部落等。但有些特殊用語，如「蕃刀」「蕃布」之類，頗難轉譯，只好沿襲舊俗。此不得已也，編者絕無他意。

5. 原住民之人名、地名、部落名、植物名等專有名詞，皆依日文音譯，實難考證其原名或原意。姑且忠實留下音譯，讓專家們去考證。此亦不得已也，至慚至歉。

6. 書中的「討蕃記」，政治色彩濃厚，實無涉於風俗。唯在「討蕃」之後，原住民的生活方式為之一變，風俗民情也跟著改變。為保存歷史真貌，故收入本書。

7. 書末的「討蕃略年表」是統治者的勝利紀錄，但也可以實證原住民的英勇反抗運動史。經過日本帝國的長期鎮壓與教育，結果，純真的原住民奮勇地參與了〝大東亞戰爭〞，這也是歷史的不幸，故特置「大東亞戰爭與高砂族」一章，做為日治時代之終結。

8. 本書主要以相片編輯而成，依相片而設計項目，再附加說明。因此，沒有相片的部分便缺乏項目及說明，體系有欠完整，待日後補訂之。

9. 有關各族的神話或傳說，類似之處不少，本書不忌重複，是為了強調各族的相互關連與異同。

10. 編者的意圖是想客觀地保存資料、反映時代，極力避免因主觀而造成混淆。

11. 如果本書對歷史的見證有所幫助，繼而能獲致人類學、民俗學乃至文學等研究者參考的話，那並非我們的功勞，而是台灣的先民們淌血流汗所換取得來的成果。

概 說

一、地理

　　台灣是沖繩以南的列島之一。島嶼呈橄欖形，南北長達400公里；中間由北北東往南南西方向延伸的高隆群山稱爲中央山脈。在中央位置，有一座高達3,950公尺的新高山（玉山）聳立；超過3,000公尺以上的高山有四十五座之多，島嶼的三分之二都是山地。中央山脈以西是廣闊的平原，很適合人的居住。本島稍稍偏中央的地方，有北緯23.5度的北回歸線橫貫東西；其南屬於熱帶，其北屬於亞熱帶。

二、居民

　　本島自古以來就居住的原住民屬南方民族馬來系的印度尼西亞語族，遷移入台的年代與路線雖已難以考查，但被發掘的最古老石器也有一萬五千年的歷史。可知太古的台灣既是原住民的故鄉，也是他們的天堂。1590年航經台灣海峽的葡萄牙航海家發現它時，不禁發出讚嘆：「伊那，福爾摩莎（啊！美麗島）！」當時，住在高山和茂密森林中的，放眼盡是原住民。

　　漢族從大陸渡航過來，大約是在十五、六世紀。1661年，中國明朝的遺臣鄭成功以台南爲根據地時，已有相當多的漢族來台灣了。

三、稱呼的變遷

　　渡航過來台灣的漢族稱這些原住民爲「蕃」（番），其中，個性〝凶暴〞而難以拉攏的種族叫「野蕃」，個性溫和而較易駕馭的種族叫「土蕃」。前者通常是住在山地裏，後者以住平地爲主；其大多數住在西海岸平原的，總稱爲「平埔蕃」。十七世紀初期起，荷蘭人及西班牙人統治過住在安平、台南、打狗及淡水、基隆等地的「平埔蕃」。之後，鄭氏至清朝時代，又征服了更多的「平埔蕃」。納在統治之下的蕃族叫「熟蕃」（或叫「化蕃」），而不遵從政令的野蕃叫「生蕃」。

　　「熟蕃」「生蕃」這樣的稱呼，一直持續到日本統治的明治時代。但是，由於蕃（番）這個字，亦通野蠻的「蠻」之意，大正12年(1923年)，日本皇太子巡幸台灣時，反對這種民族歧視的稱呼，於是由台灣總督府將「生蕃」賦予「高砂族」之美名。然而，一般人還是稱其爲「生蕃」或「蕃人」。至於「平埔蕃」，雖也改稱「平埔族」，但幾乎已受漢族薰陶同化，乍看甚難區別，除非情況特殊，否則幾乎難以分辨了。

四、種族的分類

　　a.種族：台灣原住民的分類法，有的是以語言，有的是以習俗，有的是以代代相傳的神話爲根據，各家說法會有不同之處。一般來說，分成泰雅族、賽夏族、布農族、曹

族、魯凱族、排灣族、卑南族、阿美族、雅美族九族。台灣總督府爲求方便起見，合併成泰雅族、賽夏族、布農族、曹族、排灣族、阿美族、雅美族七族（直至昭和12年，七族的人口總數共154,199人）。另一方面，由於平埔族在種族上的識別極爲困難，加上其居住地都已劃入一般行政區域，沒有正式之分類，除非有必要，否則一律統稱爲平埔族。

b.部族或族群：同一種族中，多少都有血統相異之處，以一族來說，這稱爲部族或族群。譬如說，在泰雅族裏又區分爲「屈尺族群」、「合歡族群」等。

c.蕃社:部族分佈各處，形成各個大小部落，由一個部落或數個部落形成最小的集團社會，稱爲「蕃社」（本書簡稱爲「社」或「部落」）。

五、語言

高砂族和平埔族的語言，因種族不同而有所差異，但都屬於馬來語系。只是平埔族很早就被漢族同化，已經以台灣話（閩南語、客家語）爲常用語言。

高砂族的七族之間，語言幾乎相互不通。甚至同一種族裏，因部族不同而語言各異，這一點兒也不稀奇。

清朝統治時期，於各種族的邊界設有互通雙方語言的「通事」。沒有「通事」時，就互相比手劃腳來理解對方的意思，往往因而發生誤會，造成紛爭也是常有的事。

在日本統治的五十年間，大力推動「國語」教育，日語成了所有種族的共通語言，一方面也保存了固有的母語。但是，戰後重新接受「國語」（中文）教育的一代，已經不再使用母語和日語，與平地人一樣，僅使用台灣話和中國話兩種語言。

·出 草·

出草（獵取人頭）

　　所謂出草，是指爲獵取敵人或異族的人頭而外出行動。出草與戰鬥不同，出草單純只爲獵取敵人的人頭，而非奪取敵方勢力。雖然出草有時也會掠奪敵人財物，但並非主要目的。

▲砍下台灣原住民（或漢族）的頭顱，爲祭人頭喝血酒。

出草的目的

　　出草的目的依各個種族而略有不同——

　　泰雅族和賽夏族的情形是:(1)為解決紛爭,(2)為近親報仇,(3)炫耀男人的英勇。布農族的情形是:(1)炫耀勇敢,(2)解決私通的疑惑,殺掉妻子的姦夫,(3)報仇,(4)取代被詛咒的死者,(5)祈求豐收,(6)受辱的反擊,(7)情敵為討愛人歡心等等。曹族的情形是:(1)為近親、朋友、知己報仇,(2)祈求防治疾病,(3)祈求豐收,(4)為得到勇者的美譽。而排灣族及阿美族則是為了報仇、炫耀英勇、自衛等理由。雅美族似乎沒有出草的習性。

放置頭顱的架子

　　通常設置在部落中的頭目或族長的屋前附近。往往一個親族聚落就有一個頭顱架。一社一處，甚至好幾處的都有。架子的構造是由兩根竹子或木頭取適當間隔直立排列，用籐將橫木綁緊，橫木上再架上幾根竹子或圓木頭即構成架子。架子高度不超過兩公尺，大約寬60公分，長3～5公尺，上有茅草屋頂蓋過整個架子。一個架子大約可放五十～六十個頭顱，慣例上是依獵取先後由右往左排列（但最新獵取到的人頭放在正中央）。對於太久的頭骨，不是放進網袋或籐籠，就是吊在倉庫或住家的屋簷下。

招魂歌

　　頭顱首先會被帶回執刀者的家中，放置在架子上。然後勇士們以及部落中的男女老幼都要全體集合，將酒糟灌進活生生的頭顱口中，進行招魂，邊喝酒邊跳舞，一夜到天明。次晨，再將頭顱帶到頭目的家，放置架子的正中央，再與頭目齊聲歡呼。

戰 鬥

▲頭目率領部落的戰士進入警戒狀態

原住民的戰術

原住民有不少山地作戰經驗，身經百戰而創造出獨特的戰術。進行攻勢時，主力軍暗中移近敵陣之後，呈靜止狀態；另派出五、六個人組成游擊軍兩隊，從反方向衝破敵人的警戒線，一邊高聲吶喊，佯裝大軍之勢，目的是引敵軍不得不從這個方向出援軍。主力軍則伺機乘隙突擊，或者另派遣一軍埋伏左右要道，夾攻制勝是慣用的作戰方式。

當敵人的先攻隊攻入之時，把路讓開使其通過，再乘黑夜趕造要塞堡壘，使敵人無法與後方部隊取得連絡，再包圍先攻隊也是常用的戰術。

守禦時，在險要之處構築牢固堡壘，部署一、二處的前哨，再把大石頭運到斷崖上堆積起來，用攀莖或蔓藤等把石頭綁在一起，待敵人來至斷崖下，再切斷蔓藤。有時也挖坑做陷阱，或利用刺灌木圍堵敵人的進退之路。

服飾・織物・刺青

▲ 穿着日常衣服的女性

衣服

《台灣府誌》上記載：「其服飾，女結辮，男披髮，足跣，或剪髮散垂，下体無褲，前後遮以鹿皮。」泰雅族的男子戴籐帽，腰布繫前方，兩邊下垂遮住陰部。內穿短至肚臍的上衣，外加護胸布，再罩上類似無袖外罩的衣服，另套上色彩鮮豔的四角布，再穿上袈裟。女子則以兩塊方布覆蓋腰部，及使用綁腿物。布料原本是用麻織成的，後來都以外來的紅線織布居多。懂得使用織布機的只有雅美族及泰雅族。

布農族、曹族兩族的服裝與泰雅族很類似，但男子戴皮帽、穿皮衣，套上大小兩枚的護胸布，穿漢式綿布襯衫和褲子者居多。

部份的排灣族也穿戴皮衣、皮帽。排灣族的男子大多數穿着有刺繡的短黑襯衫，腰間圍上有反折的黑色短裙。也穿白色的布製長筒鞋。女子的服裝與漢族的服裝沒什麼不同，只是上衣長過膝蓋。

阿美族沒有特定的服裝，只模倣鄰近各族的樣式。

南方各部族之間，男女的頭上都纏繞着黑布，再配上花飾者相當多。雅美族的男子穿着藍色粗條紋的麻布短襯襖，以硬麻布的丁字褲束緊，戴細枝籐編的帽子及蓋過眼睛的木製頭盔。女人穿貼身裙，再以毛巾似的布從肩膀往腋下蓋過乳房，也佩帶貝殼或玉製的項鍊、耳環等。

◀盛裝的排灣族女性

生蕃

蕃澗といへば、生蕃が起由す。生蕃は、人口凡そ十二萬、多くば山地に部落を伐して、特有の麻始の生活についてゐるも時として兇暴の蕃性を發揮はし、本性的な事件の如き變な起すことがあるが、爱全体さしでひきつゞきの性惯も漸く化すると共に良化するに至つてゐる。

▲日本式短布鞋是日本軍事當局為使原住民勞役而發配的

刺青

泰雅族的男子一進入壯丁團體，必須刺青，但以前未曾出草過的人不允許刺青。通常男子在額頭上刺青，女子於刺青後才可以結婚。另外，埔里社及濁水溪方面的女子也刺青於腳部。刺青都是找部落中專事刺青的女性為之。

賽夏族的男子在額頭、下顎及胸部刺青，女子於額頭刺青而非臉頰。刺青的男女象徵邁入成年，於胸部刺青則是勇者的表現。

曹族沒有刺青的習慣，但是少數女性於手指背上刺青。

排灣族有刺青的習慣，但僅為了顯赫其門第。男子刺在胸部及背部，女子刺在兩手背上。然而，逐漸有棄刺的傾向，刺青者僅剩下少部分人而已。

▲ 刺青的美人

織物

自古以來，女性都知悉織布的技術。她們以自種的苧麻而採麻紡紗織布，裁剪成衣服。然而，居住在南部的排灣族、曹族，以及東海岸的阿美族等，很早就與住在台灣的漢族接觸，可輕易買到布料，所以他們的織布機就被淘汰了。大多數的人都買與漢族同式樣的布料，裁成自己喜歡的樣式，加以刺繡縫紉。唯有泰雅族爲了誇耀他們的英勇，不願意屈服於其他種族，長久以來隱居山谷，不與外界往來，始終都以手工織布。

織布機多使用原先既有的工具，材料用的是外來的麻線混合有色毛線或棉線，織出種

▲ 排灣族的刺繡

種的模樣。另外也使用野生葛的根，將麻染成褐色，再織成條紋模樣。由於織布工具簡單，頂多只能織出約5公尺長的布。

▲ 原住民婦人的針線活兒

（蕃前の蕃地風俗）蕃婦の機織

飲食

飲食生活

《台灣府誌》上記載：「蕃多可事耕作，米粟甚少，日之餐俱薯芋；餘則捕魚蝦鹿麂，採紫菜通草水籐。」

主食有小米、米、稗、甘薯、芋頭等，以豆、芥末、玉蜀黍、生姜、薏苡為副食，其他還吃蔬菜、樹果、野獸野禽、魚肉等。不過，肉類是特別場合才吃得到的好料，平日吃不到。

各個部族幾乎都釀造米酒、粟酒。吸菸、吃檳榔使他們的牙齒如染黑一般。僅雅美族沒有喝酒與吸菸的習慣。

原住民的飲食

因為沒有鐘，聞雞鳴而起，日出前吃飽飯。由於以燃松枝當燈火，晚上點燈火危險，因此早早吃飯，七、八點就睡了。

◀排灣族一家和樂地吃飯

·住　居·

◀▼角板山社的住屋與屋內（泰雅族）

住居建築

　　泰雅族：長方形住屋，門面長約5至12公尺，深度約3至7公尺，柱子豎立於挖深的土中。屋內全部是土房。四個角落置有睡床，中間造個爐子。屋頂以竹片、草、檜樹皮、盤石四種材料舖成的，牆壁則使用木材或竹子。設置一、兩個窗戶和一個出入口，出入口高度不超過1公尺。所以，出入時必須彎屈身體。

　　賽夏族：使用雜木建屋，舖上竹瓦，再覆蓋上茅草，或僅舖蓋茅草的也有。牆壁是使用竹片或者雜木。出入口設置前後兩處，幾乎不做窗子。屋內大約五、六坪，全部是土房，於適當位置擺置睡床。

　　曹族：把土地鏟平，於中央豎立兩根大柱子，四根支柱則豎立於挖深的土中，再架上棟梁。屋頂以竹做成骨架，再舖上茅草。牆壁是以鬼茅粗莖編圍起來的，出入口則設置前後兩處。

　　排灣族：排灣族的各個部落有很多石盤石，所以都是石造房子。選在山腰斜坡地，

▲ 台灣恆春廳上下番麻禮巴社的住屋（排灣族）

挖深其左右後方，前方弄平。門外地上則舖滿石盤石，柱子是石造的，屋頂也舖蓋上石
盤石。門檻高度約1.2公尺左右，室內全是土房，分成前後隔間，前半部是寢室及客廳。

　　布農族：住屋零零星星地分散，並不形成集團部落。將土往下挖，於其四周建造石
壁，架上樓梯，以便上下走路方便。前面是庭院，舖上石盤石以充當工作場所。住屋屬
長方形，屋頂高約3公尺，門檻高度約1.5公尺左右。

　　阿美族：長方形的木造茅草屋。屋內分為寢室、客廳、廚房。靠近門邊土房是廚
房，擺炊事用具及農具之類的東西。旁邊是客廳，最後方隔間放置睡床。住居的四周，

圍上竹柵欄或種樹圍籬笆，常常打掃，非常愛乾淨。

　　雅美族：雅美族的衣食住行之中，最進步的是住居。將石頭堆高，寢室之外還有工作場所、瞭望台、倉庫等都建在這些堆石上。部落內之間的往來也在這些堆石上進行。

▲霧社泰雅族正在蓋的穀倉

倉庫

　　泰雅族、阿美族、雅美族及排灣族於住家的一部分都設有穀倉。穀倉有方形也有長方形，大約使用四根支柱，其中也有使用六根支柱的。排灣族、阿美族的穀倉的地板是低的，而其他各族的地板是高的。支柱與地板接觸之處安上鍔形石板或石頭，以防野鼠之害。

▼角板山社的倉庫（泰雅族）

·交 通·

道路建設

　　為推動原住民地區的敎化，促進產業之發達，就必須依賴完善的交通設施。因此於大正6年（1917年）之後堅持實行道路政策，進行山地的開發。光是中央山脈橫貫公路之其他幹線公路，就延長達約1,200公里，再加上主要的支線公路總共完成延長約3,600公里。

　　由於山地道路的開發，所到之處皆設有鐵吊橋或棧橋，而成了台灣山地的特殊景觀。

◀龜山的吊橋

▼角板山的鐵架橋

■角板山　生蕃■

臺灣に旅する者は蕃地部落を見落しては
ならぬ。臺北市から桃園を經て角板山に
足を入れるのが一番輕便である。角板山
を少し下つて奥人入る蕃社がある。一種
特殊な鐵線橋は蕃地交通機關として重
要な役目を果して
ゐる。

ラウシ溪の鐵線橋

長さ五百尺高さ二百五十尺、一尺足らすの二枚板が步道である。遠く望めば虹の如く、渡れば上下左右に震動する。氣弱き者は四脚行進と悲鳴あるのみ、暗戲するが如きも、畢竟助け給へのお禱りにあらざるか叭々。

▲ 新店溪的鐵架橋

▲ 拉哈烏霰降瀑布

農耕

▲ 採粟穗

耕種法

衆所皆知，台灣原住民喜好狩獵，但他們主要的食物，乃是靠一定的土地栽培農作物賴以生存。

其耕種法採輪耕而非定地耕種。首先以砍伐斜坡山地森林，再用火燒過後開墾播種。由於沒有施肥，因此種植無法持續幾年，如此一來，只好放棄原先的土地尋求新的耕地。但無限地尋求新的耕地是不可能的，所以演變成新舊耕地互換使用。在這兩種耕地之所有權獲得確認後，才開始產生土地私有的觀念。

▲ 摘稻穗

▲ 耕種

▲ 台東卑南社的原住民與牛車

各族的農耕

泰雅族的農耕相當簡單，從以前就不知道使用牛馬，也不懂得施肥，只是使用簡陋的鋤頭開墾斜坡地、種植小米及其他穀類。連續耕種三、四年，土地貧瘠後將其捨棄，再耕種其他的地。這方法使得勞動多而收成少，一年中孜孜不倦地勞動才勉強可以養活全家人。

賽夏族的農耕和泰雅族一樣簡單，一部分的人接受政府的指導，使用牛隻耕種水田，也有一部分的人養蠶。

布農族在農耕上有些迷信，於新的開墾預定地剗除之前，當晚或連續三天進行占卜，吉的話才開墾，兇的話就移往他處。第一年種植芋頭或甘薯，第二年才開始種植小米，第三年種植其他的雜穀；之後，大概隔十年再使用。

曹族在山腰向陽且土質好的山坡地開墾，與其他部族一樣的方式耕種。然而，在政府的指導下種野桑養蠶，成果相當好。

排灣族在東部平地，很早就開墾水田，使用牛及懂得施肥，與漢族差異不大。南部和山谷居住者大多數維持舊態，但等耕種水田者逐漸增多。

阿美族很早就盛行耕種水田、旱田，使用水牛、農具，耕種法等，幾乎與漢族一樣，與東部的排灣族同樣都很進步。

雅美族的農耕極其簡單，他們栽種山芋和芋頭的方法是，先用火燒野地，再於各處挖些不規則的洞，插入苗株。水芋種在水田，小米播種在旱田。女子進行農業，男子負責打漁。

原住民天生喜好詩與歌唱，不管男女從小幾乎沒有不愛唱歌的。勞動時或者大伙聚集時、在宴席上，有時候獨吟，有時候一唱一和的一起歡樂。樂器依種族不同而有所差異，主要有口琴、笛、縱笛、鼻笛、口琴、弦琴、樹葉笛、橫笛、竹鼓、鼻笙等樂器。

原住民在祭祀、凱旋、婚禮、建築物落成，以及多人聚集對飲交杯之時會舞蹈。男女老幼混在一起，相互牽手，圍成圓形或排成橫排，其中一人領唱，大伙再一同和聲，舞至倒地為止。

歌謠中有砍首級之歌、戀歌、唱和歌、搬運之歌、飲酒之歌、播粟種之歌等，歌詞大半都就地隨興而唱的。

▲ *台灣原住民的祝杯（慶祝獵取人頭時使用）*

　　各族都有各自種種的手工技能，以供自給自足。從生活必需品至武器、身上裝飾用品，全是自己親手製作。以前從不計較時間勞力而做出精巧的逸品，但隨着交通發達後，受了外界的刺激，逐漸注重實用性而減少藝術性，手藝技巧因而漸差，甚至有的不再做手工藝品。

　　手工藝品均使用當地現有的材料，作品的種類也不固定。普遍來說，以籐、竹編帽子、斗笠、籠子、簸箕、椅子及其他編織工藝品；木製的工藝品有鉢、盆、匙、桶、臼、烟管等等。排灣族對人物、動物之雕刻物是最拿手的；種植苧蔴再紡蔴織布編成袋子，以及使用獸皮做成衣服；用月桃草做盒子、椅子；用粘土燒成土器等。紅頭嶼的雅美族也做泥偶、船、動物等玩具，也用銀做頭盔、胸飾、手環等身上的裝飾用品。

　　製作手工藝品的原來目的只爲自家用，逐漸地才以物物交換爲目的。近年來織布及土器的製作近乎廢棄，僅剩下泰雅族的織布，雅美族及阿美族還製作土器；其他各族之間，幾乎已沒有這種製作的風俗習慣了。

▲陶器製作(阿美族)

▲紅頭嶼雅美族之舟

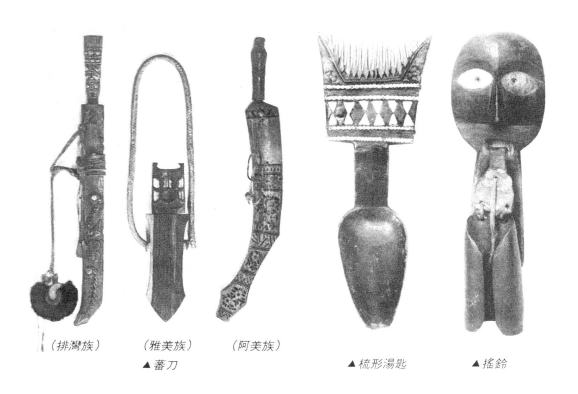

（排灣族）　　（雅美族）　　（阿美族）

▲ 蕃刀　　　　　　　　　▲ 梳形湯匙　　　▲ 搖鈴

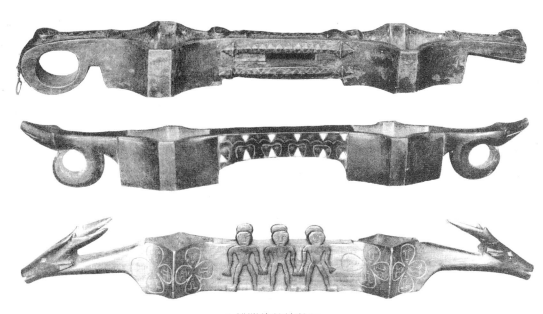

▲ 排灣族的連飲杯

用32根台灣豹牙做成的王者之冠（16頭豹的牙），鞣做的帽子，豹皮上加以貝殼點綴的肩帶，個個都是手工藝的極品。

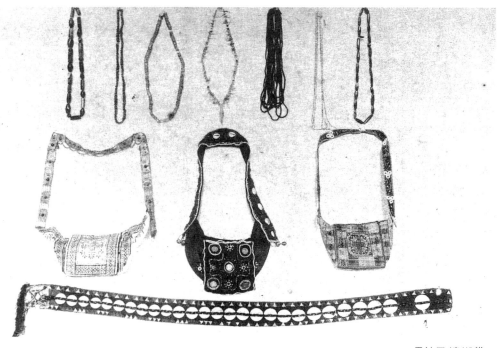

▲項鍊及檳榔袋

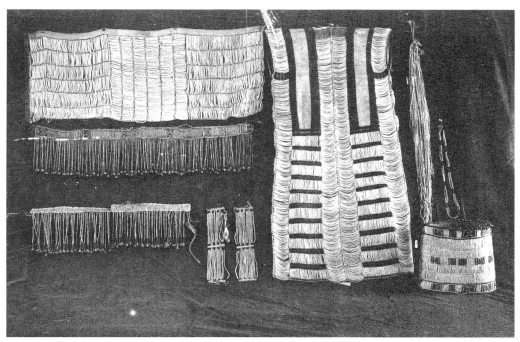

▲ 泰雅族的服飾用品

▲ 鞣皮的彩色帽子

▲ 籐編的斗笠

▶ 戰鬥用的盾
盾的表面有彫刻又加上色
彩,背面則附上把手。

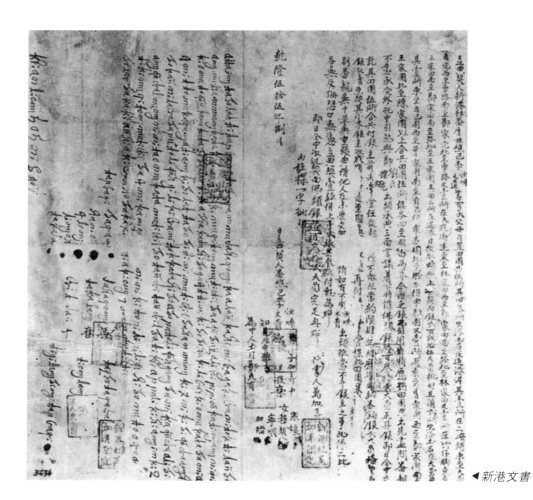

◀ 新港文書

新港文書

　　荷蘭佔領台灣三年後（1627年），開始派遣傳教士對原住民傳教，以赤嵌城也就是現在的台南為中心，對其附近南北的各個平埔部落傳教，同時，將學堂附屬於教堂，以教育原住民子弟。之後共計收容了數百位學生。其中，能流利地使用羅馬字寫成原住民語言者，亦大有人在。傳教的主要範圍是新港社、大目降社、目加溜灣社、蕭壠社、蔴荳社、大傑巔社、大武壠社等。

　　及至鄭成功統治台灣時，被教化的四大社即新港、目加溜灣、蕭壠、蔴荳，也傳授使用羅馬字寫成原住民語言的知識，致使部分平埔族人甚會使用羅馬字。因此清朝佔領台灣時，特別把他們當作平埔族之間的知識階級而稱之為〝教册〞（教書者）。

　　如此一來，以羅馬字寫成的原住民語言，用來作成與漢族的土地買賣契約，以及漢語契約書的對譯，使得以後的原住民不再因為不識漢字而簽下不利於自己的契約書，甚

至被騙取土地。

像這樣的羅馬字文書稱之爲「新港文書」。當中所記載的年號從康熙、雍正到乾隆、嘉慶，據推估其使用期間長達一百多年。

沒有固有文字的民族

各部族之間似乎沒有共通的文字。根據傳說，從前是有文字的，但因被大洪水沖走，或遭巨火而被燒燬等，至今已無從考證。如果文字是訴諸於眼睛來傳達意思的話，可視爲在他們之間早就如此萌芽了。例如在道路的十字路口，用草結成表示其前進方向，或者在流木上擺幾個小石頭以表流木之所有者，或者編結茅尖表示蜂巢之先占有者，更進一步的，以草莖結節表示日數及東西數量，或在自己的刀柄或其他用具上雕刻三角、十字之記號，以表示自己所有物。雖然，這只不過是單純記號，但一定是訴諸於眼睛之意識表現。

關於文字的傳説

（一）有兄弟兩個人，哥哥去砍柴，弟弟在家。有一天，文字從天落下，弟弟立刻記住文字。哥哥回到家，弟弟就說：「有這樣的東西落下，請把它記下來。」於是，哥哥說：「我記不起來。」就把文字分成兩半。弟弟又說：「既然這樣，我就用它來搗泥巴、耕種田地吧。」於是哥哥說：「反正我無法記住這文字，我就去開墾山地吧。」哥哥就上山去，把那兩半的文字放流到拉摩歡河裏去了。（布農族）

　　　　※　　　　※　　　　※

（二）從前，部落聚集着三個人在寫字。其中一個人削檜木寫字，第二個人在他保樹（譯音）上寫字，最後的一個人在石頭上寫字。接著，三個人一起將這些字放進水裏，結果檜木浮出水面，可以清楚地看到文字；而他保樹雖浮出水面，字卻不清楚；唯有寫了文字的石頭卻沈到水底。後來，檜木隨着河川流，被日本人拾起，成了日本人的文字；他保樹則被漢人拾起，成了漢字的起源；他們自己反而因此失去了文字，直到現在。（雅美族）

　　　　※　　　　※　　　　※

（三）從前祖先與漢族一樣都曾經擁有過文字，但祖先動身前往社寮到水邊時，不小心把文字掉進水裏，被水流沖走，後來被漢族拾起，我們自己反而無法了解文字了。不過，我們所寫的碑文現在還保存在社寮裏。（布農族巒族群）

泰雅族

分佈

　　包括賽德庫族在內的泰雅族，大致是屬於北蕃，分佈於西至埔里社與東至花蓮港之連線以北。於淡水河支流新店溪及大科崁溪上游，鳳山、後壠、中港、大安、大里、眉溪、北港諸溪上游，大肚溪的支流，以及濁水、大南澳、達奇里、三棧、木瓜等諸溪的主、支流的流域上，形成大大小小的部落，有的散居，有的是集團部落。總人口32,906人（昭和2年），部落及居住所共計267處。

創世神話

　　創世之初，出現一個男神，兩個女神，從高山的巨大岩石上走下來。岩石裂開，變出了雄偉的宮殿，取名爲「祖先之地」，從此過着逍遙自在的日子。

　　有一天，男神告訴女神們想要個孩子。女神們報以微笑，雖然他們彼此傳情、接吻，但是沒有效果。偶然地飛來一隻蒼蠅停在女神身體的某一部位。這時候，女神才注意到她們身體「多餘的部位」和「不足的部位」，而與對方順利地結爲夫妻，不久，即生下好幾個孩子。這些孩子就成了人類的祖先。

泰雅族群

　　泰雅族居住在橫跨台北、桃園、新竹、台中、南投、宜蘭六處海拔約300～1,500公尺的山地，分成如下的二十五族群。

　　1.屈尺族群……屬台北廳新店支廳的管轄，由散居在新店溪上游的卡拉毛地、達拉南、恰空、東魯庫、拉哈娃、秀流（又名爲達拿杭）、拉格、潭平河（又名卡由）、烏來等九社所組成。

　　2.大科崁族群……由散居在大科崁溪上游的西隆、哈本等十社所組成，此名稱是清朝時代所取。他們自稱爲〝斯布

東娜夫"。

3.合歡族群……散居在大料嵌溪的大料嵌族群的東南方，由卑雅娃、卡威蘭等十七社所組成。

4.馬利古灣族群……散居在大料嵌支流、馬利古灣溪的沿岸、由烏拉澳、里璞、烏來等十三社所組成。

5.北勢族群……散居在大安溪上游，由霧倒翁、眉斯魯、璞阿南等八社所組成，因此有北勢八社之稱。

6.南勢族群……散居在大甲溪中游及支流沿岸土地，由薩烏來、眉拍新等七社所組成。

7.白狗族群……由散居在北港溪上游馬西斗巴翁、特比倫、馬加拿奇、餌亨等四社所組成。

▲ 立鷹的原住民

8.馬力巴族群……居住在北港溪上游的白狗族群的東北方，由毛耶武、培魯毛昂、霧卡巴布三社所組成。

9.司加耶武族群……由居住在大甲溪上游的秦卡拉格西、司加耶武等二社所組成。

10.沙拉茅族群……以集團部落居住在大甲溪上游司加耶武族群的西南方，由卡由、凱雅等二社所組成。

11.萬大族群……居住在濁水支流大溪的沿岸山地，由仔凱斯、西眉烏等二社所組成。

12.眉原族群……居住在北港溪上游眉原山以南，由馬道魯、排倒昂等五社所組成。

13.南澳族群……居住在大濁水北溪和大南澳溪上游，由澳灣、巴璞里拉等十一社所組成。

14.溪頭族群……居住在濁水溪上游，由比雅南、馬拿揚等六社所組成。

15.加拉歹族群……屬新竹廳樹杞林支廳管轄，散居在鳳山溪上游的內灣溪及上坪溪的沿岸山地，由加拉歹、眉卡蘭等九社所組成。

16.巴思誇蘭族群……屬新竹廳北埔支廳管轄，居住在上坪溪上游的烏嘴山之東北山地，由巴思誇蘭、西格二社所組成。

17.舍加路族群……屬北埔支廳管轄，散居在上坪溪上游舍加路溪的沿岸山地，由霧凱拉卡、田東等四社所組成。

18.鹿場族群……屬新竹廳南支廳管轄，居住在鹿場大山西北的南莊溪上游山地，由朱布斯社所組成。

19.汶水族群……屬新竹廳太湖支廳管轄，散居在汶水溪的沿岸山地，由拍卡里、達比拉斯等六社所組成。

20.太湖族群……屬太湖支廳管轄，散居在太湖溪的沿岸山地，由馬拉拉斯、達巴拉耶等九社所組成。

21.奇拿餌族群……屬桃園廳合歡支廳管轄，居住在大料嵌溪的上游山地，由達巴澳、泰雅康等六社所組成。

22.霧社族群

23.太魯閣族群

24.倒咯嘓族群

25.木瓜族群

▲巴克隆社的男女　　▲武裝打扮的泰雅族人

關於泰雅族女性刺青的傳說

從前，在巴庫巴庫娃卡的山裏有個大石頭。石頭裂開，從裏頭生出一男一女。男的是哥哥，女的是妹妹。因為沒有其他說話對象，在兩人平靜的生活中，不知不覺都到了適婚年齡。聰明的妹妹已經懂得男女關係而感到寂寞，想到兄妹兩人雖然已到適婚年

齡，卻因爲沒有對象而無法生子。如想要孩子就得和哥哥成婚。但是，哥哥對於這想法恐不贊同。於是，妹妹想了一個計策，問道：「哥哥已到適婚年齡，爲何還不娶媳婦呢？」哥哥回答：「到哪裏去找老婆？」妹妹接着說：「那個人就住在山腳的石洞啊。」哥哥又說：「如果是這樣，我就娶她爲妻，你帶路！」「我先去，你等一會兒再來。」妹妹說完就急忙趕路。途中，妹妹考慮如果依原來容貌，哥哥一定不同意結婚。於是，妹妹用煤烟塗臉，整個臉全變了。來到跟前的哥哥未認出是妹妹，而與妹妹成婚了。

泰雅族女性於婚前必額前刺青，因此而來。

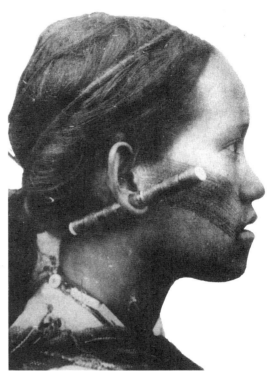

▲泰雅族人的刺青　　▲耳飾（把塞有粟穗的竹筒插入耳垂）

海水來了

從前，我們泰雅族人並不多。有一天，洪水來了。泰雅族人就往大霸尖山逃。洪水直往山上逼過來，人們只好往山頂跑，逃跑時，女人們把塞入粟穗的竹筒插入耳垂。其中一粒分成一半可以煮成一大鍋小米飯。因爲食物足夠，就這樣留下來了。野獸、蛇等也都全逃到大霸尖山來。人們和動物在山頂上和平相處。但是沒多久，就漸漸感到山上生活很無聊，爲使洪水平靜下來，就把狗當供神的犧牲品投入海裏，然而，海水並沒有退。於是又把美女投入海裏，海水退了。他們再次回到自己的土地。可是，洪水來氾以前本是很好的土地，洪水之後，鰻魚把土壤鑽得凹凹凸凸，使土地變得一團糟。

烏來社

230 A VIEW OF URAI FORMOSA

▲烏來社全景

194 HUNTING BY SAVAGE YOUTH, FORMOSA.

▲烏來社的狩獵。各自牽着狗在山間追捕野豬、野鹿等。
對於崇拜勇武的他們而言，狩獵是他們最好的慰勞。

烏來社概況

烏來社屬泰雅族的屈尺族群。所謂「烏來」，原是溫泉之意。

屈尺族群的傳說

從前，叫馬仔雅、布達的兩個男人，率領部族由馬內璞以南的達達尤拉歐來到合歡。由此分頭向奇拿餌、馬利古灣、角板山三方面前進。本社的祖先是個叫雅威布拿的人，與六十位同社族人於合歡分手後，登上拉拉山。放眼望去，發現這塊土地相當肥沃，於是下到哈本定居，建立了達拉南社。有一部分人在哈本分手後繼續往北前進，到達哈本西拿凱。

由於布達有妻室，而馬仔雅沒有，兩人只好共一妻。

烏來社史略

清朝的討伐……光緒11年(1885)9月，此時屈尺的泰雅族，也就是馬來社蕃（當時有個叫馬來的人得勢，聯合附近8社佔領了許多土地，因而被取名為馬來社蕃），由於常常出山殺人，劉朝祐乃率領銘軍三營，討伐烏來社，使其歸順。

駐在所的囑託醫生……明治45年(1912)5月15日，台北廳新店支廳轄內的烏來蕃務官吏駐在所，派岡山敬吾為囑託醫生，從事醫療原住民及附近的蕃務官吏。在這之前，明治35年的夏天，屈尺隘勇監督所已具備藥品及簡單的醫療器材，且有具醫術經驗的巡查擔當醫療，由於獲得相當好評，才進一步地安排了囑託醫生。

教育所的設置……新竹廳樹杞林支廳轄內的馬利古灣族群是最難管理的部落，但在長年的教化下，總算平定了。由於希望學國語的人增加，在烏來社設立了甲種原住民兒童教育所，於大正8年(1919)7月1日起，募集了烏來社及其他十社的兒童開始授課。

◀烏來社姑娘
▼新店的碧潭
▼烏來社一景

霧社族群

族群概況

　　霧社族群屬泰雅族，於濁水溪上游面積僅十幾公里之處形成集團部落，由散居的排蘭、達歡、西埔、達卡蘭、魯倒夫、太魯灣、澳緱、馬海璞、卡仔庫、斯庫、璞阿倫、布卡山的十二社組成。此處四季的早晨都覆蓋着雲霧，因此，清國時代就取名為〝霧社〞。

地方概況

　　霧社位於台灣中部，海拔1,000多公尺高的山地，居橫貫本島中部之能高橫貫公路的要衝。其居地在能高郡埔里街以北20公里，濁水溪上游與哈奔溪溪谷之間所謂的霧社窪地。自古以來，這一帶有許多櫻花樹，東邊可眺望能高連峰，附近有溫泉，氣候與日本內地酷似，是原住民地區裏屈指可數的名勝。

▲ 櫻花盛開的霧社

▲ 霧社的鐵吊橋。架於濁水溪上的最長的鐵吊橋。

▲ 出外工作歸來的霧社人

▲ 霧社的「人止關」

◀ 武裝的泰雅族霧社族群勇士

▲ 南投廳霧社全景

▲ 南投廳霧社能高駐在所及招待所

▲ 南投廳霧社的櫻溫泉

▲ 霧社的「人止關」

▲ 霧社的原住民母子

▲霧社神社

▲霧社事變殉難者紀念碑

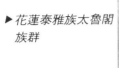

太魯閣族群

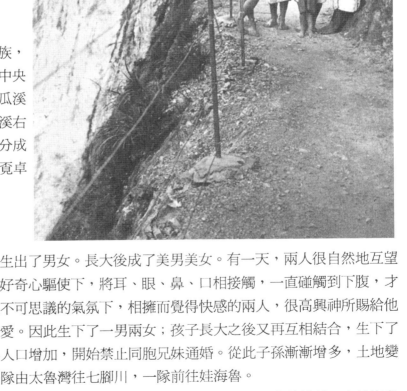

▶花蓮泰雅族太魯閣族群

分佈

太魯閣族群屬泰雅族，由花蓮港廳管轄，位在中央山脈以東，其南邊由木瓜溪右岸起，北邊至大濁水溪右岸除平地以外的山地。分成內太魯閣、外太魯閣、霓卓蘭三個地區。

傳說

從前，從蒼蠅的卵生出了男女。長大後成了美男美女。有一天，兩人很自然地互望着彼此相同的器官。在好奇心驅使下，將耳、眼、鼻、口相接觸，一直碰觸到下腹，才發現彼此不同之處。在不可思議的氣氛下，相擁而覺得快感的兩人，很高興神所賜給他們的東西，更加相親相愛。因此生下了一男兩女；孩子長大之後又再互相結合，生下了十個孩子。不久，因為人口增加，開始禁止同胞兄妹通婚。從此子孫漸漸增多，土地變小，因而分成兩隊，一隊由太魯灣往七腳川，一隊前往娃海魯。

移往娃海魯的一隊，再經由伊璞、西拉昆而成立了當今各社。也就是說，由娃海魯分成瀑地歡、閣魯、達奇里、三棧溪、霓卓蘭等社。後來，瀑地歡社又移往古古仔。之後，以今天的三角錐山為界，以東是外太魯閣之地，以西是內太魯閣之地。

倒咯嘓族群

分佈

　　倒咯嘓族群屬南投廳霧社支廳管轄，在濁水溪上游左岸的太達雅族群以北，共有五社，居住在霧社支廳東北十幾公里，埔里社東北50公里處。之後才來到埔里社。因此倒咯嘓族群與哈庫族群、馬力巴族群、太達雅族群、萬大社、霧社族群等都有親戚關係。

傳說

　　從前，在利伽卡瀑瀑地方有棵巨樹。這棵樹生了鳥獸、蛇和人。長大的男女結為夫妻。不久生下孩子，生活得很幸福。突然，強壯的丈夫死了。雖然女的很傷心，還是告訴孩子說：「萬物都知道繁殖的方法。如果不會的話，連鳥、蛇都會滅亡。你已長大成人了，不能不結婚，我去幫你找個妻子來。」說完，女人就入山了。事實上本來就沒有其他女人存在。於是，她用樹液塗遍身體，搖身一變出現在青年面前，對着納悶的青年說：「你母親說你想娶妻子，叫我先來。」於是兩人就結為夫妻。後來經過好幾代，子孫增加了，土地也變窄了。因此，移到澳賓去住。不久那兒也變窄了，就決定一族分成兩組——前往平地的人及留在山地的人。為避免將來為人數不平均所困惑，乃以測試聲音強弱的方式分成二組，弱的一組從另一組分得人數，以求人數相等。當下山的一隊在山腳齊聲叫喊時，其叫聲之大要比留在山上的人強多了。這時留在山上的人才發現自己已經上當而憤怒道：「走着瞧吧，砍下人頭使你們的人數減少。」於是，村人全體刺青，盡可能讓敵人分辨不出是誰，只要一見平地人，就開始砍殺人頭。

　　留在山上的倒咯嘓族群子孫，長久居住在太魯灣社之地。但是由於人口增加，結果一再分裂，成了當今各社。

▲泰雅族倒咯嘓族群婦人的織布

木瓜族群

▲花蓮港木瓜社原住民

概況

　　木瓜族群屬泰雅族，因原本住在木瓜溪兩岸而被稱木瓜族群。他們自稱爲賽達卡。由散居在人字山山腰的閣魯西社、地格魯昂社、達格杭社等三社組成。

　　據說：祖先原本和南投廳轄內的霧社族群同住一處，之後東進佔據了木瓜溪沿岸而定居下來，後來又移住人字山東邊的山腳，一直到現在。

　　又據說：此族群曾經受過大討伐，因而失去了老人與長老。至今無人可知古來之傳說，祭典與其他儀式也是各做各的。全族之間沒有一個共同點，因此無法知道其過去種種。

南澳族群

概況

由居住在大濁水北溪及大南澳溪上游的澳灣、巴璞里拉、馬奇魯毛昴、尼格揚、寧揚、巴璞、烏毛窯、溝古仔、卑雅杭、奇庫仔、寮亨等十一社組成。獎勵往平地移住，所以由大社分離成幾個小社。

傳說

從前，在南湖大山一個叫哈本閣魯的地方有個巨石，烏鴉和賽賽利（鳥名）一起啄巨石，巨石破成兩半，從裏面出現男女兩人。先出現的是男人，跟着是女人。兩人兩眼對望，彼此接觸耳朵、鼻子、嘴巴、肚臍。最後接觸下腹時，兩人都感覺到說不出的快感。從此不論晝夜，相擁着生活。經過幾個月，女的肚子漸漸大了起來，到了滿月，肚子就更圓了。有一天，肚子一陣劇痛後，就生下孩子來了。孩

▲ 南澳社人

子生孩子，孩子的孩子又生孩子，幾十年後，住的空間變小，只好各自前往自己喜歡的地方。祖先來到現在的金揚社前面一個叫哈本達賽的地方之後，又移往溝古仔建立部落，打下了今日南澳社的基礎。

南勢族群

▲ 久良栖社的男女

概況

　　屬泰雅族的南勢族群散居在大甲溪中游及其支流的沿岸山地。由稍來、眉拍新、庫舍、南庫舍、久良栖、新白毛、烏來魯馬等七社所組成。

傳說

　　很久以前，東方有個大岩石，岩石裂開，從中出現男女兩人。男的沒名字，女的叫由麻。一開始兩人相對眼，接着耳朵、鼻子相接觸，最後輪到臀部時，才發現彼此擁有不同之物，結合之下生下男女二子，孩子之間結爲夫妻。隨着子孫的增加，住的場所變窄，乃分居各地。本社的祖先來到西奇里地以後，全社又移往里蘭溪附近。今日的稍來社及白毛社就是從這裏分離出來的。繼續前進到達平地的，就成了台灣人。

▲用水車搗米的新白毛社女人

久良栖社的沿革

　　屬泰雅族南勢族群的久良栖社居住在大甲溪左岸與裡得溪的合流處上方，於久良栖駐在所的田侯蘭及新白毛兩處形成了集團部落。明治44年10月5日，台中廳蕃地搜索隊前進副隊長，兼台中廳蕃務課長警視的市來半次郎指揮部隊，登上大甲溪左岸，佔領了舊久良栖娃潭部落，而以部落頭目之名稱爲久良栖社。

新白毛社的沿革

　　明治39年從能高郡馬卡拿餌社分離出來，一部分在十文溪附近形成久良栖社，一部分在明治駐在所附近形成白毛社。於明治44年2月14日，因被收押槍枝而引起北勢八社聯合反抗日軍。失敗，歸順後由於指導敎化的關係，於大正3年12月十文溪附近之族人移往田侯蘭，而明治駐在所附近之族人移往白毛，合併稱爲久良栖阿令社。之後又於昭和5年4月改久良栖阿令社爲久良栖社，改白毛社爲新白毛社。

合歡族群

分佈

　　由散居在大料崁溪上游大料崁族群東南之卑雅娃、卡威蘭、所魯、布倒娜康、薩魯仔、特里庫、耶亨、哈卡灣、庫魯、卡拉侯、西布拿、達卡山、哈凱、卡拉、伊巴澳、巴隆、比雅新等十七社組成。合歡是自古以來的地名，取名來源不明。

▶ 武裝的合歡原住民

▲ 合歡族群里林社人的竹屋

▲ 合歡原住民的住家

▲ 新竹州大溪郡合歡族群婦人的織布

▲ 吊橋上的合歡原住民

傳說

　　很久以前，卑薩巴康以東的海上有個大岩石。從岩石裏出現男女兩人，最先出現的是男人，接着出現的是女人。兩人在那兒蓋了小屋居住。有一天，互相發現彼此都有眼、耳、鼻、口，爲什麼神會賦予人這些東西呢？眼睛是用來看的，鼻子是用來聞的，耳朵是用來聽的，不知除此之外有何用途，兩人就嘗試着眼對眼，並沒發現任何異樣，也就不去試鼻碰鼻了。此時兩人想着，眼睛、耳朵、鼻子都是有孔的，也許是爲了插入長物而存在的孔也不一定。於是看遍全身，發現男人腹下有個硬物。男人就用此硬物插入女人的眼睛而痛得要命，男人又將硬物插入耳朵，卻進不去。正在苦惱時，看到飛來的蒼蠅就在眼前交尾。兩人才明白結合之道。結合之後，經過數月，由於兩人光着身子會冷，只好剝椿樹皮作成衣服。不知不覺中，兩人之間生下了孩子。孩子哭個不停，母親一把抱起孩子，孩子找到了奶頭開始吸吮，也不哭了。女人試着推開孩子，母奶照流不停，才明白要用母奶來餵孩子。如此十幾年下來，生了七個孩子。孩子們各自長大，哥哥與妹妹結爲夫妻。子孫漸增，卑薩巴康之地變得狹窄，只好分開，另求天地。

　　某日，發覺兄妹通婚之處死嬰較多。長老們立刻決定禁止兄妹通婚。從此沿襲這規則到今天。

　　時間過得很快，隨着人口增加，部落中吵架的人也增多了。因此名叫馬揚、雅璞夫、霧布達的三個人商量，分成往海岸移住的人及留在山上住的人。往海岸的人下山了。他們三人留在山上集合部下時，才發覺所剩無幾人，以爲自己被下山往平地的人所騙而感到憤慨。於是決心要砍下他們的人頭，減少他們的人數，從此不斷地襲擊他們。

　　如今，我們稱下山到平地的人爲〝卡馬勇〞，是〝多〞的意思。之後，卡馬勇人的去向不得而知。

奇拿餌族群

概況

　　奇拿餌族群屬桃園廳合歡支廳管轄，由居住在大嵙崁溪山地的達巴澳、西璞凱、泰雅康、薩凱雅津、津西璞、達凱津等六社所組成。奇拿餌是祖先之名，也就是由太古大霸尖山來的第一個人的名字。

傳説

　　從前，在一個叫卑薩巴康拿巴奇斯的地方有個巨石。巨石裂成兩半，出現男女兩人。男的叫馬布達。有一天，男人將自己的下體硬物放入女人的嘴巴，女人感到呼吸困難，將其吐出。再放進耳朵，卻放不進去，又試了試肚子，還是不行。此時飛來兩隻蒼蠅，看到它們交尾，才明白了結合之道。後來由於人口增多，族人互相殘殺，馬布達認為此乃土地變窄所致，於是領着六個孩子離開卑薩巴康拿巴奇斯，來到奇拿餌。一看是一個廣大的平地。只要有水就可永住，但是到處找，就是沒有發現水源。

　　前進中，終於來到大霸尖山的山腳。看到水從岩石間流出，馬布達用長矛尖端將岩石刺成兩半，水即大量湧出，強勢的水流形成的山谷，在奇拿餌有二處，新竹、南投邊界有二處，至今尚存。

▲ 奇拿餌族人的背籠

▲達巴澳社人出獵前的集合

達巴澳社概況

達巴澳社屬泰雅族的奇拿餌族群，位於大枓崁溪上游的山地。

泰雅康社概況

泰雅康社屬泰雅族的奇拿餌族群，位於大枓崁溪上游的山地。

▲泰雅康社人

▲ 出草的馬利古灣族人

概況

　　馬利古灣族群屬泰雅族，由散居在大料崁溪的支流馬利古灣溪沿岸的烏拉澳、里林、巴斯、里璞、烏來、閣力、培魯毛昂、泰雅夫、巴倒魯、馬眉、庫潭、斯蠻古斯、馬卡凱翁等十三社所組成。在卑薩巴康（祖先之地）有個同名馬利古灣的地方，於是取其同名。

傳說

　　從前，在卡澳蘭有個叫卑薩巴康的地方。那兒有個巨石，自然裂開後，從裏面出現了一個女人和兩個男人。他們彼此都不懂得結合之道，平靜地過了一些歲月。某日飛來金色蒼蠅，就在他們眼前交尾。他們模仿蒼蠅結合，覺得很舒服。每天彼此交替與女人結合，不久，女人懷孕生下孩子。由於子孫增多，土地變小，幾人就前往烏拉拉溪滙流處一個叫哈本比拉庫的地方定居下來。之後，又來了五人，各自定下規矩，成了當今馬利古灣族群的祖先。至今，此族群均以這五個系統為主流。

里林社沿革

　　分佈在李崠溪上游的右岸一帶，以及與馬利古灣溪滙流處之西北，海拔750公尺至1,400公尺。

▲里林社婦女的織布機

　　三百多年前，隨着人口增加，耕地變窄，叫雅威排仔及馬伊璞庫勇的兩個人率領7人來到此地定居，是開創馬利古灣族群之祖。

　　之後，12戶52人脫離部落，建立了閣力社，以及4戶14人脫離部落，另建立泰雅夫社；4戶21人脫離部落，另建馬眉社。

　　昭和5年10月1日，有31戶150人由官方獎勵定地耕種，移往竹東郡新白毛社定居。

　　昭和6年7月，馬利古灣族群的烏來社、里璞社、巴斯社組成里林社。

▼馬利古灣族群中的一族

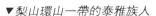
▼梨山環山一帶的泰雅族人

角板山社

▲ 新竹州大溪郡角板山社全景

角板山社概況

　　角板山社屬泰雅族的大嵙崁族群，角板山原是櫸樹之意。本社位於角板山駐在所附近，有一片茂盛的櫸樹。社名由此而來。

大嵙崁族群概況

　　由散居在大嵙崁溪上游的角板山、西隆、哈本、烏來、吉亨、拉哈、凱夫、竹頭角、西拿餌、閣由等十社所形成。大嵙崁之名是清國時代所取，他們原來自稱〝斯布東娜夫〞。以前居住在大嵙崁溪沿岸的集團部落，因為溪底剛好有很多石頭，取為〝斯布東娜夫〞之名。〝斯〞是〝放置〞的意思，〝東娜夫〞是〝石頭〞的意思。

(臺灣) 角板山サ ン社ノ蕃屋
A Savage-Tribe at Kappanzan, Formosa

▲ 角板山哈本社的住屋

(臺灣) 角板山蕃婦 (重荷ノ運搬)
A Savage-Woman Carring Heavy
Package, Kappanzan, Formosa.

▲ 背負重物的角板山社女人

▲ 角板山哈本社人與穀倉

大嵙崁族群的傳說

從前，在大霸尖山有個巨石，巨石裂成兩半，從裏面出現了名叫馬布達（男）、馬揚（男）、魯庫爾沙波（女）的三人，之後一起生了四個孩子，孩子們又相互結合生了四個孩子。

有一天，馬布達和馬揚上山，家裡一個孩子被蛇咬死。他們兩人回來一看，吃了一驚，於是怪罪自己不懂得祭拜，就立刻宰了一頭豬祭拜神明。原住民的祭拜就是從這時開始的。

之後不久，剩下的三個孩子長大成人，子孫增加爲二十人，就各自分家。此後，嚴屬禁止兄妹通婚。

▲ 角板山族人

·賽夏族·

▲ 賽夏族頭目的盛裝（胸前紋身
的橫線象徵戰果的勳章）

分佈

賽夏族散居在新竹州南庄附近山地，形成集團部落，人口僅僅1,340人。（昭和8年）

賽夏族的祖先，聽說是居住在新竹及苗栗地方的道卡斯族之一群。

他們居住山谷，一直維持未開化狀態。生活方式幾乎都模仿緊隣的泰雅族，只有語言、習慣等不一樣。

部族

賽夏族分爲北、中、南部。與泰雅族不同的是，沒有所謂的族群，僅以社來細分。北部有舍伊雅侯、西拍餌、卑來三社；中部有阿盟、娃魯、凱拉灣三社；南部有拍凱山、薩耶昻、瀛巴灣、卡力哈巴蘇、威茵斗巴猶斯五社。

創世神話

由神創造出來的人們，在最初的土地上建立小小的集團部落，突來的大洪水使人們四處分散，生死未明。其中一個男人乘着獨木舟漂到大霸尖山，正在爲撿回的一條命而高興時，山上叫澳璞耶侯鵬的神立刻將他抓起來。神擔心這一場大洪水會使人類瀕臨絕滅，於是很快地殺了這唯一的生還者再剁成肉醬，邊唸着咒文邊丢去入海裏，瞬間，這些肉片都變成了人類。這就是本族的祖先，神替它取名爲〝賽夏〞。接着把腸切碎投入海裏，也一樣變成了人類，這是住在台灣的漢族。他們比較長命且人丁旺盛，因爲是腸的化身。接着又把骨頭投入海裏，變出兩個人，這就是無比頑強的泰雅族的祖先。又將膽投入大海，也變出了東西，但沒有命名。

布農族

拔牙

　　泰雅族、布農族、曹族三族都實施拔牙。不管男女，都要拔去左右的第二顆門牙，及大門牙一顆或者大門牙與犬齒各兩顆。拔牙一般都是在八、九歲到十二、三歲之間。都是由父母來拔，其方法是用木片抵着牙齒，用劈刀的刀背敲打牙根使其動搖，之後再將長約20公分的樹枝兩端綁上麻線套在牙齒上，握緊樹枝用力拔，留下的傷痕再用煤烟塗上。拔掉的牙齒必須埋在屋外或屋簷下。

　　拔牙本身並沒有很深的含意，只是古老以來的習慣。聽說最主要的理由是美觀及為防止牙齒重疊在一起。因此有拔牙風俗習慣的部族都不吃檳榔。

分佈

　　布農族屬台中州下的能高、新高兩郡及台南州下的嘉義郡，花蓮港廳下的花蓮港、玉里兩支廳及台東里壠支廳轄內。居住在濁水、秀姑巒、卑南諸溪上游，也就是台灣的中央地帶。北隣泰

▲ 布農族的拔牙

雅族，西南鄰曹族，東鄰阿美族，南鄰排灣族。主要是住在海拔500公尺至2,000公尺的山地。有丹、郡、巒、卓社、勃子、干卓萬、施武郡、高山等族群，人口總計18,561人，住家共計128所（昭和2年）。大部分是散居而非集團部落。

創世神話

從前，在明東公的地方有兩個洞穴。哈魯哈仔的蟲將自己的糞搓圓塞進洞穴，經過十五天，一個洞穴出現了男人，另一個洞穴出現了女人。兩人長大後結為夫妻，生下男女四個孩子，孩子之間又互相通婚，人口因而繁多。（干卓萬族群）

　　　　※　　　　　※　　　　　※

從前，在拉毛凱拿的地方有一個葫蘆及土鍋。從葫蘆裏生出了一個男人，土鍋裏出現了女人，這兩個人就是人類的祖先。（郡族群）

▲ 武裝的布農族人

　　　　※　　　　※　　　　※

從前，庫拉倒蟲一直是仰着爬，侯里拉達覺得這樣很可憐，而給了它一些東西吃，順便勸說：「你這樣爬很不方便，站起來走看看。」庫拉倒蟲一聽，正在思考要如何站起來走路時，正好飛來一隻蚊子在他肚邊咬了一口，他驚嚇之餘，站了起來，因而很高興地開始走路。後來生了兩個孩子。長子長大後來到巒大山，由於喜歡此地而定居下來。這便是巒族群的祖先。弟弟則去了別處，之後變得如何，未有流傳。（巒族群）

▲ 布農族卓社的一家族

布農族的婚姻制度

布農族的各社保留了許嫁婚和掠奪婚的風俗習慣，風紀相當敗壞。例如巒族群的人倫社，自胎兒時就被訂下了終身大事。通常在十歲到二十歲之間舉行婚禮，但其中有過了二十歲的，沒有父母允許，就無法結婚。女的嫁人後與別的男人私通，只不過稍微懲戒，並無部落的制裁。丹族群丹大社有很多妻子比丈夫大好幾歲。丈夫才七、八歲，妻子已經超過二十歲了。甚至，公公與媳婦之間有違背人倫的行為。

巒族群的卡倒古蘭社是以交換婚為主的許嫁婚，諸如七、八歲的丈夫配二十幾歲的妻子，或者四十歲的男人娶十二、三歲的新娘，很勉強的配對。訂婚後，通姦者也相當多。其防止法是派小孩爬到樹上監視住屋附近，夜晚則點燃燈火巡視住屋裏外。

布農族的傳説

1.交換狗性器的傳説

從前，有一人家釀了酒想招待隣居，只聽到隣居的應聲，不見人出來。進家中一看，夫妻倆正在結合，一時無法分開，只好把男的性器切下。從此，人們覺得性器很不方便，只好換上狗的性器。

2.親族結婚

從前女人少男人多。年輕男子每天爭着找女孩玩而不耕種。姊姊也好、妹妹也好，只要喜歡，就玩在一起，因此觸怒了神，將其變成猴或鹿，甚至變成鳥。有時候也會變成不動的樹。接著有一天，太陽被射下落地，且人們會變成種種怪物，都是因為親族婚姻及亂倫所造成，當引以為戒。從此固守一夫一妻制，也禁止同姓結婚。

※　　　※　　　※

從前，兄妹到原野耕種時，就如狗一般地結合，哪曉得一結合就很難分開，兄妹倆人怕被人看到，就立刻用刀割開，從此，絕對禁止兄妹通婚。

3.豬、猿與人的結合

從前，山中住着一對夫妻。妻子出去追逐小鳥之後，便和山豬結為一體。丈夫一氣把豬殺了，再將豬的肉塊插在刀尖向妻子示威，妻子哭着求饒，但是丈夫不原諒，就將刀子戳進妻子的肚子。於是從妻子的肚子裏生出了好幾隻小豬來。

※　　　※　　　※

從前，丈夫出去打獵時，與母猴交歡。妻子一氣之下，拿針上山，刺死了母猴，帶回死骸，嚴重警告丈夫。

▲ 布農族高山族群

▲ 家居穿着的布農族女性

高山族群

　　高山族群是指住在中央山脈以東、花蓮港廳內之險要山地的原住民。分為太魯閣族群、木瓜族群、璞石閣族群三族群。太魯閣族群屬泰雅族，木瓜族群也屬泰雅族，但後來移到阿美族的居住地。璞石閣族群屬布農族，一部分後來移往阿美族的居住地。

璞石閣高山族群

　　璞石閣高山族群的祖先居住在丹大山、秀姑巒山、新高山一帶。為尋求耕種地，往東分散而去，形成力庫內社、魯埔山社、閣松社、庫比拉社、達仔凱社、賽水社、布布達社等二十社。

玉里沿革

　　璞石閣原本也可寫成撲實閣。璞石閣取"風塵谷"之意，而音譯為"璞石閣"。聽說是因為流過秀姑巒溪流域一帶的濁流，乾涸成為泥粉，隨季節風在山谷中飛舞，原住民稱為"風塵谷"。另有一說，來自阿美語的"拍拍閣"一語。"拍拍閣"是蕨的意思，這個地方因以前長了很多蕨而得名。清朝同治元年（1862年），台中的陶某人常常越過山界與原住民交易，因此一部分漢族就漸漸移住進來，形成了璞石閣庄。日本佔領後，屬花蓮港廳管轄。大正6年11月1日，台東鐵道開通的同時，改稱為玉里庄。

▲ 璞石閣高山族的吊橋

▲ 璞石閣高山族群的男人

·曹 族·

分佈

　　包括卡拿布與薩魯阿兩部族。居住在台南州嘉義郡下海拔700至800公尺左右的地方
（主要是曾文、老濃兩溪上游內地）。有達邦、魯夫倒、伊霧仔、特布拉、簡仔霧四社
等族群，分成許多部落。東南北三方都隣接布農族。總人口2,068人，部落與居住所共
計26處。（昭和2年）

▲正在風乾動物內臟的曹族老人

創世神話

　　從前，一個叫哈毛的神從天降臨到新高山，創造了人類。人類子孫選擇良地，各居一方；不久因爲大洪水，田園成了大海，離散的人類再次回到新高山避難，動物們也聚集山頂。

　　當時由於沒有穀物，只能捕食鳥獸。有一次，爲吃狗肉而殺狗，屠宰後，將狗頭插在竹竿立於地面，再戲弄狗頭。又試着砍下猴頭示眾，覺得相當有趣。因此聯想，如果使用人頭，也許更有趣，於是殺了村落的頑皮小孩，將其頭顱插在竹竿上示眾。

　　不久洪水退了，又再次分散移往山腳。此時，想起當時將孩子梟首示眾的樂趣，就開始偷襲他社之人，取其人頭示眾。於是就興起了獵取人頭的風俗習慣。一個社原本只有一個姓，由於殺了他社的人，取其姓爲自己的姓氏。聽說至今已達十幾個姓氏。

　　　　　　※　　　　　※　　　　　※

　　從前，天空是很低的。由於月亮比太陽光還強烈，地面無晝夜之分。

　　神覺得很可憐，就將天空昇高了。因爲突然變動，不但失去了月亮的踪影，就連太陽的軌道也改變由東方昇起，由東方落下，才昇起就日落，使世間變得黑暗。人們只好砍伐山中樹林爲薪，燒盡所有東西，失去了家，連睡覺的地板也沒了。最後向哈毛神祈禱，才使太陽懸掛中天，向西落下。日落後，於天空升起鎌刀形狀之物，這就是所謂的月牙。

▼ 曹族的酒宴

(族ウオツ)女男る亥奏を器樂

酒宴

年齡不拘，男女都喜好喝酒，常見母親將酒餵給背上的嬰孩喝。嬰孩一邊噎喉一邊咳咳地吞下。

如有來客，更是「不醉不歸」。有合吻合飲的風俗習慣，以竹杯、木杯等酌飲，兩人互相交腕，嘴唇碰嘴唇地合飲。

樂器

弓琴……主要是曹族與布農族的樂器，南部的阿美族、卑南族也使用此樂器吹奏。形狀類似胡琴，以長約2尺寬約4分的竹片削爲弓，以月桃草的纖維爲弦，編結在弓上。吹奏時，將嘴置於上端，左手握着下端，以大拇指及食指押絃調音；右手的大拇指及食指置於弦的中央彈奏。

口琴……自古以來廣泛地被使用，代表未開化民族的樂器，分布極廣。其製造法是將長約3寸寬約4分的竹片削薄，在中央挖寬2分，長約2寸細長的洞，從右端釘上長鐵片，於竹片的兩端繫上細繩。演奏時，左手將琴的凸面靠近嘴巴，右手再輕輕地拉細繩，發出宛如琵琶的音聲，隨細繩的拉法及呼吸的強弱吹奏出音律。邊說邊演奏，青年男女憑此說出心中的愛。亦使用於舞蹈的伴奏。

樂器的栓塞使用竹片或金屬，一般是單片的栓塞。太魯閣、木瓜等其他東部族群均使用複數的栓塞。

阿里山族群

▲ 曹族阿里山族群鄒族人的出獵

　　阿里山族群是沿着阿里山溪谷，居住在高原的原住民總稱。不僅是傳說，就連語言、風俗也一樣。與阿美族一樣依地勢不同各自組織獨立的社，有達邦社、知母勝社、全仔社、和社、流流柴社等五社，附屬在社之下的，有一個至幾個小社。

流流柴社的沿革

　　原居住地是嘉義郡倒夫耶社，隨着人口增加，耕種地不足，於七百年前，發現了現今流流柴居住地西南約8公里處的名叫椰椰子的肥沃之地，家族百餘人前往移住。又於兩百年前，因流行天花，瀕臨滅亡，移住仔馬拿。之後又因大地震，輾轉地移住了三處，其中移住眉由緵者，因爲土地的用水不便，外加不平坦的砂石地帶並不適於農耕，乃在官方勸導下，於大正15年移住現在的仔馬拿。

流流柴社的傳說

　　從前，月亮比太陽光還強烈，晝夜不分，人們生活極苦。身體虛弱的小孩逐漸死去，人類將面臨滅絕。人們外出時，背着薄板以遮日、月光，閨房之樂也要避開衆目，草草了事。

　　一個叫由福的人，擔心子孫因此絕滅，於是決定自己一個人去射下月亮。箭一射

▲達邦社人及知母勝社人

◀流流柴社婦人

出，正好射中月亮正中心，看着看着，血涌了出來，地面變成一片血海。現在，山上的紅石就是當時流出的血塊。從此月亮漸漸失去光熱，在中央留下了黑色的血痕，數月之間變得一片黑暗，伸手不見五指。由福燃燒薪材來照亮時，不知何時太陽已從東邊昇起，但很快又從東邊落下，然而一天比一天昇高了，終於有一天太陽昇到頭頂上之後向西邊隱沒了。月亮自古以來就沒有缺過角，但自從被射中以後，一個月只滿月一次。

達邦社概況

達邦社屬曹族的阿里山族群，住在曾文溪上游的左岸、海拔約1,000公尺左右的地方。由16戶之父系家族的集團部落所組成，地點在中埔支廳東邊約40公里處。

日月潭部落

沿革

　　屬曹族的一個支族。清朝乾隆45年（1780年）從嘉義的大埔遷移而來。自稱「達蓮庫昂達威」。各自於水社（石印）、社頭、社子三處居住。「水社部落」亦稱為「石印部落」，住在日月潭的湖畔，以杵歌聞名。

風俗

　　邊從事農業生產，邊狩獵與打漁。既懂台灣話，服裝也漢化，但比漢族保有純樸之風。

水社部落的舞蹈

　　他們的歌謠、舞蹈與布農族類似，可以說是歌、舞合奏的一種音樂。自古以來，他們在屋內放置一塊大石，做為搗小米的臼。五、六名女子各持2公尺長的杵，隨着節奏，用腳把穀物翻進石板上，各自用杵搗出各種不同的音調，形成一種美妙的演奏。在她們後方，有數名少女蹲在地上低聲哼歌，配合着搗杵的動作，宛如神技一般。這是數百年來的傳統，因鍛練所產生的自然美妙音樂，成了日月潭的招牌。由於來此一遊的人都想看，他們就將石臼搬到屋外，表演給觀光客看，以收取費用。除原住民歌謠之外，也唱一些日本歌謠。

けつた子嗣に昔の杵が婦希て畔湖の潭月日（歌杵の蕃化）
るあがのもい潭極興て的始原 ふ唄て

▲ 日月潭的湖畔

湖上的喜悅

痛快痛快眞痛快　在前人未踏的湖上
在獨木舟上飲酒　月影搖曳少女在旁
唱呀飲呀　直到盡興爲止

收穫的快樂

湖上映着閃閃翠綠　小米豐收　快樂的豐年
少女小孩父母都拿著鎌刀　同心協力一起工作
少女唱歌　搗杵舞蹈　飛舞的袖子飄出花瓣來

戲水

陽光輝映　快樂天眞無邪的孩子們
淋浴着海水　可愛的孩子們眞喜悅

傳說

聽說在二百數十年前，嘉義東南方的大埔高山族曹族等二十四人走過八通關，在蠻大山狩獵時，看見一頭白鹿，追趕至西邊的水社大山即不見踪影。在附近迷失了三天左右，最後發現山中的湖而欣喜萬分，認定這是上天所賜之樂土，乃移居此地。

▲ 日月潭的獨木舟

這就是現在的水社部落，位於湖東岸的水社大山山腳，是以杵歌聞名的化蕃部落。

日月潭中漂浮之島

日月潭是台灣唯一的大湖，位於水社大山的山腳，海拔約600公尺，周圍約28公里。夏天涼爽，四周環繞着深山，白雲來去自如，是個風光明媚的好地方。

昭和9年，在完成日月潭十萬千瓦電力工程的同時，其盛名也遠播全國。以湖中小島珠子山為界，以南叫日潭，以北叫月潭。湖上有個小浮島，不斷移動着。島上有「水車牡丹」「水車柳」「水車蘭」等植物，在植物分類學上是有名的珍品。另外，湖中也棲息着珍奇的魚類。

▼ 南投廳日月潭的竹筏與獨木舟

排灣族

▲大武山山嶺相傳是排灣族祖先發祥的靈地

創世神話

　　從前，在一個叫排拿排拿的地方，出現一位叫娜娜拉的女神，女神右手拿一石、左手拿一竹。女神將石扔出，石頭裂開，走出一位仙人，後來成了馬蘭社的祖先。

　　接着，將竹子插立於地，從上頭的竹節出現名叫排庫西賽魯的女神，下頭的竹節出現名叫排庫馬來的男神。這二神便是卑南社的祖先。二神之間生了排庫合男神及加斯加斯女神。其子孫之中，叫來拉伊斯的男神及蘇拉合的女神又生了排魯卡澳、排卡斯卡司、排庫拉西、排拉卑男女四神。之後，排拉卑男神和排庫拉西女神結婚生下的神，與以前的神稍稍不同，面貌類似人類。之後，就成了人類而代代相傳。（卑南社）

　　　　　　※　　　　　　※　　　　　　※

　　從前，太陽降落到裘卡璞魯康山頂，生了紅白兩個蛋。靈蛇熱心孵蛋，孵出了男女二神。男神叫璞阿璞嵐、女神叫加魯霧珠兒。後來這二神的子孫成了人類的大頭目。而其他的人們則由名叫里來的青蛇的卵所孵出來的。（裘阿裘閣社）

　　　　　　※　　　　　　※　　　　　　※

　　從前，天地之間的距離很近。有一回，太陽降臨到現在的魯巴尼雅家的屋簷下，生了兩個蛋。從蛋裏出現拿馬道男神及拿烏馬蒂女神。男神向女神表明想製造人，立刻就有了人。想要狗，狗就出現了。就這樣，神創造了世間萬物。（澳魯斯社）

▲ 排灣族人的射擊

分佈

　　包括傀儡族、魯凱族兩族的排灣族，居住在布農族以南的山地，主要分佈在高雄州屏東、潮州、恒春等諸郡，及台東里壠支廳轄內諸溪的上游地方，部落的高度約海拔1,000公尺以上，形成了大型的集團部落。有下三社、傀儡、排灣、恒春上下蕃、萃芒、太麻里等諸部族。總人口是36,392人，部落及居住所共計184處。（昭和5年）

關於排灣族

　　居住在新高山的南部，個子大，皮膚帶銅色且刺青。住在平地的人較溫和，住在山上的人較暴戾。

部族

　　排灣族依地勢不同，分成十三個族群。

1.卑南族群……散居在知本溪及卑南溪流域。由九個社組成。

2.太麻里族群……散居在太麻里溪及虷仔崙溪之間。由三十二個社組成。

3.巴塱衛族群……散居在巴塱衛支廳轄內。由二十個社組成。

4.拉巴魯族群……散居在阿緱廳六龜里支廳及阿里港支廳轄內之山地。由九個社組成。

5. 魯凱族群……散居在阿緱廳阿里港支廳轄內的中央山脈附近，布裘魯族群以東之處。由十二個社組成。

6. 布裘魯族群……散居在阿緱廳直轄阿里港支廳及潮州支廳轄內之山地。由二十五個社組成。

7. 潮州族群……散居在阿緱廳潮州支廳轄內的山地。由八個社組成。

8. 枋寮族群……散居在阿緱廳枋寮支廳轄內的山地。由六個社組成。

9. 知本族群……散居在阿緱廳枋寮支廳轄內、枋寮蕃以南的山地。由十六個社組成。

10. 澳璞澳璞匠族群……散居在阿緱廳枋山支廳轄內的山地。由二十六個社組成。

11. 薩布夛庫族群……散居在阿緱廳枋山支廳轄內的山地。由四個社組成。

12. 排里加里加澳族群……散居在阿緱廳恒春支廳轄內的山地。由十個社組成。

13. 傀儡族群。

▲排灣族的男女舞蹈　　　　　　　　　　　　　　▼排灣族人的舞蹈

住家

　　排灣族的住家多數是草葺的屋頂，南部排灣族的住家屋頂及牆壁幾乎是石板石蓋的。地板都是由地面往下挖。由於入口低及太小的窗戶，光線無法射入，白天也不得不使用燈火，家中幾乎是黑暗的。部落中全面舖石板路，各處設有小樓台，常見族人三五成群在上面談笑風生。

▶排灣族的兒童

▲排灣族人與住屋

傀儡族群

▲ 狙擊

概況

居住在鳳山東北部的高山地帶，自稱「加禮」。漢人因為他們居住的山名，稱之為「傀儡族群」或「加禮族群」。傀儡族群的分佈，北起關山附近，南至萃芒溪以北，東邊則延伸到中央山脈。

略史

傀儡族群自古以來被認為個性兇暴、精悍而難以教化。康熙末年所寫的『蕃俗六考』記載着：靠着險峻的山，發揮其勢力範圍，荷蘭人、鄭成功欲討伐，卻因為戰場是高而險峻的山岳，不利戰鬥而不得不放棄討伐的念頭。

有關他們下山殺人之景，張湄的詩是這麼描敍的：

「傀儡山深惡木稠，穿林如虎攫人頭；群蠻社裏誰雄長，茅宇新添金觸骷。」

康熙五十年代，部族中一部分人雖已歸順，但仍無法達成全部歸順。他們那種殺氣騰騰的兇暴個性變得較為緩和，是進入十八世紀以後的事。現在已編入排灣族。

農作物

大多數傀儡族群從十八世紀左右起，已改掉了獵取人頭的風俗習慣，開始全力農耕，因而農業技術進步，農作物種類急增。

主要農產品有旱稻、小米、蕃薯、芋頭、樹豆、落花生、綠豆等。

竹藝品

他們具有優秀的竹工技術。婦女將竹子劈成細條，編織成裝飾品、小盒子。男子則編織漢族風味的竹斗笠。

▲ 傀儡族群的竹藝品

服裝

　　在台灣原住民中，服飾最進步的是傀儡族群。上衣、內衣都很講究美感，幾乎不袒胸露臂。特別是女孩子的衣服，和西洋婦人的裙子一樣有褶紋。

卑南族群

分佈

　　卑南族群與排灣族有許多類似的地方，故總督府將卑南族群合併在排灣族裏。

　　主要居住在台東廳下的台東街及其附近平地，沿卑南大溪雜居了諸族。總人口是5,291人，部落及居住所共計12處。（昭和5年）

傳說

　　從前，在卑南族群的土地上先有阿美族住着。某日，因阿美族將竹杖插入土中，竹子漸漸長大，生出了卑南人。

　　有一天一起打獵，捕到鹿。分配時，阿美族先取走心臟，卑南族就取肺。但是阿美族嫌心臟太小難分配，想和卑南族交換肝，交換後彼此將心、肺煮熟，又商量：「將煮熟的內臟放進水中，沈下去的一方可擁有土地。」於是分別將各自持有的心臟、肺放入水中，結果，心臟沈下去，肺浮起來。卑南族就這樣得到了土地。

▲ 卑南族的大頭目（左）和總頭目（右）

長長的陰莖

（卑南族群的傳說）

　　從前，有個叫阿米里米里岡的男子擁有很長的陰莖。他到河邊洗澡時，看到遠處有女人，於是將陰莖潛在水裏，朝女人方向潛伸過去。

　　他走路時總將陰莖卷在肩膀上走。有一回，一群人將草刺撒在路上，喚出阿米里米里岡後，想嚇他。結果他拖着長長的陰莖，被扎了許多刺。阿米里米里岡回到家中把刺拔掉後，將刺放入壺裏，蓋上蓋子。

　　之後他說：「大家來我家喝酒吧！」招集了許多人。大夥到齊後，打開壺蓋，飛出好幾隻蜜蜂，刺了許多人。從此，熊蜂與蜜蜂就漸漸繁殖起來了。

◀卑南族人的盛裝

▲卑南族的兒童與水牛

▲山地門社頭目的住家與穀倉

沿革

居住在隘寮溪右岸，原住民稱之為奇拿巴倒昂的南方，是個平穩的斜坡地。

他們稱原居住地為卡地霧蘭，位於現居住地以南約0.5公里之處。兩百年前有60戶人家，人口總數是300人。此社並不是從別處移來的，而是自古以來就居住在此地附近。

此社非常團結，無勢力之爭。在血緣關係上，與馬達魯社、上排灣社、倒庫本社、潮州郡的上下排魯斯社有親屬關係。

▲卡卑揚社的男女與彫刻的盾

沿革

　　居住在南大武山西方之庫娃魯斯溪右岸、無名山（北大武山支脈）西南方之山腰處。原居住地在潮州郡的下排灣社，約六百年前有30戶人家，人口總數是150人。之後，移住者增多，又加上合併，人口就逐漸增加起來。

　　十九世紀末左右，住在萬巒庄新厝的漢族台灣人，派一個名叫娃固庫的原住民於社內採蜂蜜，因誤用烟火而燒了糧倉，順着烈風煽動，終於把全社燒毀了。

▲▼在大武山山腳下的庫娃魯斯社

沿革

　　屬排灣族的布裘魯族群。居住在南大武山西南邊、庫娃魯斯溪上游右岸的山腰處。

　　大約至八百年前為止，都住在達凱璞地方，直到福建人大舉來台，漸受壓迫而於約六百年前移住到庫娃魯斯社內的伊拿匠地方。但是，伊拿匠受到從大武山吹下來的強風，加上防禦外敵上的缺陷，才移住到現居住地。

傳說

　　從前，太陽下了蛋之後，有個叫布隆的蛇就來孵蛋，從蛋裏孵出了男女兩人。這兩個就是庫娃魯斯社頭目的祖先。而一般的原住民是從一條叫里萊的蛇所下的蛋孵出來的。

·阿美族·

分佈

　　通常分成南勢阿美（北部）、海岸阿美（海岸山脈以東的中部）、秀姑巒阿美（海岸山脈以西的中部）及卑南阿美（南部）等四個部族，這大都是以語言、習俗爲基礎所做的地域性分類。由氏族的分佈狀況來看，與血統並無關係。海岸阿美族與卑南阿美族的邊界大致是新港一帶，有二、三個部落是兩族的混合。海岸山脈西方的平地有平埔族的集團部落，恒春阿美（卑南阿美的一部分）與秀姑巒阿美也散居其中；南勢阿美族則居住在以北的地方。根據昭和6年末的統計，阿美族總戶數5,693戶，人口總數44,187人。

創世神話

　　很久以前，阿璞庫拉揚神從天降臨到浮在東方海上的璞魯倒島上。隔了一條河的達里布拉揚女神更早由天降下。於是，兩神開始交往，因心心相印而住在一起。

　　有一天，二神無意間看到樹枝與藤互相摩擦，自然發出火花把樹幹燒掉，二神就以枯枝如法炮製。這就是火的起源。

　　又有一天，二神看見飛來的鵪鶉互相交尾，明白了結合之道，以後二神的子孫就逐漸繁衍起來。

　　不久，子孫離開原居住地來到現在的土地，種下了帶來的蕃薯。很幸運地，這是一片稻米和小米都可自然生長的肥沃之地。

▲盛裝以待東宮殿下的阿美族

女人島的傳説

　　從前某日，有個叫馬茄茄的男子去河邊撈魚，失足落河，被激流沖到大海。他只好聽天由命，隨波浪而漂流。不久，看見一座像是島的地方。到了島上，一大群人圍到岸邊，七嘴八舌議論着。他靠近仔細一瞧，一個男人也沒有，全是女人。

　　這是個叫巴萊姍的女人島。他受到歡迎，得到熱烈款待。然而沒多久就開始思念起故鄉，悄悄來到岸邊，遠望故鄉的天空，邊埋怨邊嘆息着，若是沒有這個海的話，該有多好。突然從海面上浮出一頭鯨魚說：「你的怨嘆是理所當然的，請騎到我的背上。我帶你回故鄉吧！」他很高興地騎到鯨魚背上，很快就回到故鄉的岸邊。經過數年，故鄉全變了。所見所聞全是新的，回到家附近一看，沒有一個認識的人，拜訪親友時，也盡是不認識的人，四處邊走邊問，總算有一個人知道他的名字。那個人說：在他祖父的時代，有個叫馬茄茄的人到河邊捕魚，以後就沒有再回來過了。說完，那個人便帶他去自己的家，告訴他這兒以前就是馬茄茄的家。

　　鯨魚與馬茄茄分手時，曾囑咐五天後帶五頭豬、四瓶酒、五串檳榔來海岸祭拜。他遵照約束，五天後帶着上列東西來海岸祭拜。鯨魚因此傳授給他造船的技術。

▲花蓮港廳轄內里漏社的女人和小孩

阿美南勢族群沿革

　　里漏社屬阿美族南勢族群。

　　南勢族群是針對北勢族群取名的，是住在奇萊原野的原住民總稱。由七腳川、荳蘭、薄薄、里漏、屘屘、飽于、歸化等七社所組成。常常同心協力對抗太魯閣族群，因此有南勢七社之稱。人口總數是4,000餘人。

傳說

　　從前，因為大洪水使所有的生物幾乎絕種，幸運的兄妹二人乘着木臼逃到一個叫達特布拉山的高山。不久生下孩子。

　　兄妹二人久居高山，沒有一點樂趣，也很難覓得食物，就抱着愛兒下山。走過達凱力河川，到海岸再向南前進，終於到達花蓮溪口，想一步一步渡河，卻因為水深而過不去。

　　哥哥拉着妹妹往西走，石頭卻多得難以步行。好一會兒，再度提起勇氣往西北方向走，一路上平坦無阻。沿路來到了馬格魯。看見那兒的山豬使勁地用鼻子挖地面，心想這塊土地一定很肥沃。於是從臼裏找出小米種，開始播種。

　　數十年後，隨着人口增加，馬格魯的土地變窄，耕種地已不足，一個叫地多哇澳的男子就帶着一個叫地魯瑪的女子往東尋找肥沃土地。

　　又有一個叫卡魯里仔的人，離開馬格魯來到現在的荳蘭火車站以東，這就是里漏社的祖先。

雅美族

沿革

　　住在台灣南端的孤島紅頭嶼，是台灣原住民中最不開化的種族。從廣義的人類學上來說是屬馬來系；在語言學上，有很多地方與菲律賓的語言類似。但是，何時經由什麼路線來到雅美族現在的居住地，無從考證。根據昭和4年末的調查，人口是1,619人，共有七個部落分散在全島各地。

沒有頭目的種族

　　在台灣本島的原住民裏，所有部落都有頭目。然而紅頭嶼卻沒有頭目存在。如果社中發生重大事件，他們一定在固定場所集合，大夥圍坐，從中選出體力最好、聰明且能辯善言者當議長。女性、小孩、單身男子不能參加。

　　他們相信做壞事一定會受到懲罰。因此人們都很和善，不互相爭奪，也絕不將他人之物佔爲己有。因此，社中就算沒有判決善惡者，各社也都生活在平和之中。

▼ *紅頭嶼的小舟*

創世傳說

　　從前，神看到這塊平地，說：「多麼美麗的雅美島啊！」乃將巨石丟向奇巴埔多庫，巨石裂開，生出了人類，稱爲〝石之子〞。〝石之子〞沒有食物可吃，只好吃巴埔多的草。不久來到海邊，海邊有竹子發出芽來，長大後的竹子裂開，從中生出了人類。稱爲〝竹之子〞。

　　〝石之子〞正好從山上走下來，〝竹之子〞正好往山上去。在原野，〝竹之子〞與〝石之子〞碰頭。〝竹之子〞就問：「我們到底是什麼呢？」〝石之子〞回答道：「我們是人。」

　　之後，〝石之子〞繼續前往伊拉泰，發現了鐵；〝竹之子〞則往伊巴里，發現了銀。他們回到餌格布地單的家中，各自把堅硬的鐵及柔軟的銀製成了道具。

　　兩人的陰莖都長至膝蓋。膝蓋脹大感覺會癢時，就從左膝蓋生出女孩，右膝蓋生出男孩。就這樣，代代相傳，已歷三代。

　　有一天決定要造船而切木頭時，銀道具一使用就彎曲了。「互相交換一下吧。」「你拿銀製道具，我拿鐵製道具。」

　　　　　白銀我想要，但是沒鐵真可悲，有鐵的話，上山好伐木

　　船造好後，舉行造船祭典。將船放下水中，竹族在船的外側安裝橫木，石族則在內側安裝橫木。竹族的船壞得四分五裂，石族的船卻浮了起來，但由於漏水，積了許多泥巴。因此拿草棉塞住縫隙，才止住了漏水。

平埔族

概況

自古以來，漢人慣稱居住台灣西部平原一帶的部族為平埔族。所謂的平埔，就是「平地」的意思，由於這部族被限定住在平原一帶，因此平埔族是在平地的部族之總稱。屬於平埔族原住民的居住地域很廣，只要是台灣的平地，到處都有。

但是，隨着漢族的快速移進，大部分平埔族的居住地被奪劫，失去了生活的空間，只好離開已住慣的土地，移往遙遠而陌生的地方。雖然，原居住地還保有一些生活空間，但在漢族日漸壓迫之下，已失去全盛時期的情景，走向衰亡一途。

這些部族先前的居住地域，根據古老的傳說及漢人的日記，大致如下：

(1)馬卡道族……以鳳山方面為中心之周邊。

(2)西拉雅族……以台南方面為中心之周邊。

(3)洪雅族……以嘉義方面為中心之周邊。

(4)巴布薩族……以鹿港、彰化方面為中心之周邊。

(5)拍瀑拉族……大肚溪以北的平原。

(6)拍宰海族……葫蘆墩及東勢角之周邊。

(7)道卡斯族……苗栗及新竹的周邊。

(8)凱達格蘭族……台北平原、雞籠及淡水的周邊。

(9)卡瓦蘭族……宜蘭平原。

▼台東平埔族大俱來社的頭目

傳説

一、北部部落

從前，台灣北部一帶都為東洋人（日本人）所佔據，現在的台北平原就是當時的領地。自從中國大陸的漢族如潮流般地移進後，東洋人只好出航或者退到山地，退到山地的人與原住民雜居而被同化。毛少翁社就是這批東洋人的子孫。

　　※　　　　※　　　　※

從前唐山的山西的天子之婿是個相貌極醜的男子，由於公主嫌棄而結束了這段姻緣，他因而獲得大量金銀柴米，與兄弟七人

漂流到台灣北部。之後在平地平靜地生活。不久為分配居住的土地，把芒草捆成一把來抽籤決定，抽到根部沾血跡的，代表要上山，反之則留在平地。結果三個聰明的人都抽到沒沾血跡的籤，愚蠢的四個人都抽到沾有血的籤。

四個人上山，成了生蕃。三個人留在平地，成了平埔族，並且開墾廣大的荒野為耕種地，種植了五穀。聽說這就是八里坌社的始祖。

二、南部部落

南部平埔族來台已是很早的事，什麼時代來的，已無從考證。三百多年前，居住在烏山山脈的西邊山腳肥沃地帶，建立了達巴康、澎格澎、卡埔阿、西阿烏里等部落。當時，為了避開明末之亂，許多漢族移住台灣。鄭成功來台之後，實施屯田制度，也推廣至平埔族地區。他們因受壓迫而逐漸移往楠梓仙溪流域，將原先居其地的民族趕到山上，佔領了該溪的沿岸之地。

清朝時代，隨着漢族移住的激增，居住地再次被侵入，只好互相通婚，共同耕種，因此逐漸地被同化。於乾隆初期，熟蕃降服清朝，改成漢族的風俗、語言。由四個部落瓦解成二十九個社，與漢人混居。

三、東部部落

東部的平埔族原本住在台南府鳳山縣的赤沙金莊附近，後來逐漸開始往東移住，剛開始是停留在寶桑（卑南），之後分成兩隊，一隊往大莊，一隊渡過卑南溪往東海岸。

▲ 阿猴廳（屏東）內文社大頭目、外文社二頭目

當時這一帶住的是阿美族，消滅之後佔領其地。於是在台灣東部建立了平埔的集團部落，這是約百年前奠下的基礎。這些平埔族由於受清朝的侵略，在風俗、習慣、語言上全被漢化。然而女子的髮型及在門口懸掛動物頭骨等習慣，仍可看出其固有的風俗。

四、西部部落

始祖已無從考證，但於兩百至三百年前已居住在以新社為中心的附近一帶。早期原住民是相當有勢力的，但由於自康熙以來的清朝勢力逼近台西平原，只好歸順，即所謂的南投社熟族群。之後，因漢族的侵入，逐漸地失去勢力，終於在道光初年，連土地也都被奪走。附近的拍宰海族、洪雅族、卡瓦蘭族、阿里坤族、道卡斯族等諸族開始大舉移動，遷到四周環山的埔里盆地居住。由於長時間在清朝支配下，語言、風俗幾乎被漢化，然而還是保留了祖先的祭祀及新年儀式。

討蕃記

▲圓山前進隊本部

日本的「理蕃事業」

　　日本在台灣的理蕃事業，大致分為四期。

　　第一期：從佔領台灣到明治35年，這段期間由於土匪（漢族系）活動激烈，糾紛不斷，只好對原住民採取了懷柔政策。

　　第二期：明治36年平定土匪後，至明治42年佐久間左馬太總督開始征討為止。起初仍採取懷柔政策，但由於部族於山區暴動，乃實施了討伐政策。

　　第三期：明治43年4月以後至大正4年3月為止，即所謂的理蕃事業五年計劃的實施期間。這段期間幾乎已達成「理蕃」的目的。

　　第四期：從完成五年計劃的大正4年起，至昭和5年發生霧社事件前為止。專心致力於輔導，教化、生產輔導、醫療、交易等，採取一貫的方案。原住民的社會治安似乎良好，然而卻於昭和5年10月27日發生了空前的霧社事件。

隘勇線制度

　　所謂的隘勇線，是為了防備原住民前來襲擊，沿着河谷設立崗哨，這原本來自清朝舊制。「隘勇」的「隘」是要塞之意，「勇」是保衛要塞的勇者之意，因此「隘勇」即所謂的護境哨兵。日本剛開始統治台灣時，對於防蕃設施並不周全，幾乎只夠支給民間警備隊一些補助金，以及借與槍支彈藥。這是佔領台灣後首次的隘勇制度。明治30年被

迫重新設立防蕃機關，設立官辦的護境哨兵，加強警官與哨兵。至於護境哨兵的來源，均從台灣人志願兵中挑選十七歲以上四十五歲以下的健壯者充當之。

TAMAN VALLEY, FORMOSA, WHERE A COMMANDER OF THE GARRISON IS STATIONED.

達芒溪畔守備隊司令官駐屯地

TAMAN SAVAGE GROUP AND SAVAGES OF THE KIYAWAI GROUP IN FORMOSA.

歸順後的角板山社及卑雅娃社原住民

隘勇線的前進部隊

以警官為部隊長，以副警官為分隊長，攜手工作與戰鬥。依需要再編組小隊，以精通當地語言的警官為隊長，指揮歸順的原住民偵察、搜索。

前進之時，在險要之地預備大炮，設立要塞，以鎮壓前方的各個部落。一旦被納入隘勇線內之地區，就無法隨便地與外界往來。要塞中的原住民被迫從事開墾、製造樟腦、伐木等等。剛開始時，不願服從的人相當多，但逐漸同意了隘勇線的前進，甚至更

進一步地援助工作，有的人住進要塞後，深感受保護的恩典，但卻爲數不多；大多數還是抵制或反抗隘勇線的前進。

　　隘勇線的前進是指將警備線延伸至原住民地區。但對原住民來說，祖先傳下來的土地被侵略是何等痛苦的事，同仇敵愾也是理所當然。因此在前進部隊有許多犧牲者，也是常有的事。

◀ 合歡族群的歸順儀式

◀ 台灣守備隊蕃界行軍

五年計劃的「理蕃事業」

　　這是佐久間左馬太總督集思廣益斷然實行的計劃。於明治43年4月着手，大正4年3月完成。總費用是1,600多萬円日幣，死傷人數有2,200餘名，收押槍械18,000把。

至於理蕃事業的最大功績，當時的蕃務總長大津麟平於『理蕃策原議』的小冊子開頭，如此寫道：

　　「台灣原住民是日本的驕傲，是日本明治時代值得紀念的偉業。不完成這統治經營，就不算有始有終、盡善盡美。這就是發動理蕃事業的理由，擬定此工作計劃並不是一件容易的事。」

　　他又在確立理蕃計劃的項目中寫道：

　　「經過一番研究的結果，認為最大的問題在原住民持有槍械。只要原住民沒有槍械就容易治理，在他們手中擁有槍械的期間，就算暫時歸順也無法安心，算不上平定蕃地。所以槍械的處理是解決理蕃的重點。」

SAVAGES OF THE KAPPAN GROUP, FORMOSA, HULLING CHESTNUTS.

搗栗／人蕃社山板鴻

▶ 日本軍駐屯在角板山社

▶ 桃園廳轄內巴隆山的日本兵營

POLICE ARTILLERY CAMP AGAINST THE SAVAGES IN MOUNT BARUN, FORMOSA.　　　　地陣砲隊察警山隆巴

▲ 巴隆山警察隊大砲陣地

▲ 巴隆山隘勇線前進隊總本部

▲澎澎山高地隘勇分遣所

▲原住民地區的吊橋(琴柱橋)與前線哨兵

▲ 原住民地區的吊橋及隘勇

▲ 歸順的知母嘮社原住民（阿里山族群）

▲歸順的布農族高山族人

(臺灣) 角板山佐久間總督追懷記念碑
The Monument of Ex-Governor Sakuma, Kappanzan, Formosa.

▲豎立在角板山的佐久間總督追懷記念碑

移居與輔導生產

五數戶、所たし住移の社西榮武來稍郡勢東（社菩坪伏堆）
いし美が櫻耕頃月二、分十五て取而有るが勢東、餘中

▲東勢郡稍來武榮西社的集團移住，戶數計五十餘家。

培育工作

　　五年計劃的理蕃事業於大正4年3月結束。日本政府一方面施予恩惠，一方面展現其威嚴，並全力傾注培育警備力量的工作。因而必須將原住民由山地集團移往平地。由於部落分散，造成各方面不便，因而調整部落移住到適宜耕種的土地，教導他們固地農耕法，積極進行輔導工作，這不僅可安定他們的生活，也是提高理蕃實績的最快捷徑。因此，針對當時一部分較具服從性的原住民，教其水田耕種及苧麻的栽培方法，給予適當的指導與獎勵。

集團移住

　　對於極易迷信的原住民，要勸導他們移住他處是很困難的，相當難以說服。而移住後面臨的困難是瘧疾。由於移住地區大部分是靠近溪流的山麓，容易發生瘧疾，好不容易移居之後又逃回原居住地的原住民相當多，加上死者的出現，更是抱怨官方。諸如此類的種種困難都有過。然而，於移住地安定後，體驗到自己耕種的稻米之美味及豐收，才懂得感謝官方的指導，這至少已花了三、四年工夫。

ろあで况狀作耕の社ウブーロ郡勢東　（作耕田水の人蕃）
甲餘百三田水作耕人蕃の下州

▲東勢郡魯布庫社之耕種，其耕種水田約三百餘甲。

輔導生産事業

生活不安定，難免人心動搖。首先就要在生活安定方面下功夫。各州廳極積設置各種輔導機關，努力於生產的指導與獎勵。

1.水田

從傳統的輪耕耕種法進步到固地耕種法，是各種指導工作中最困難的。剛開始時，原住民認為使用了祖先從未用過的耕種法，會觸怒到祖先神靈，所以連聽都不想聽。只好強迫一部分人嘗試，由於結果很好，才理解到邪是有前途的耕種法，於是積極熱中於開墾的人就增加了。

2.畜牧

由於畜牧可抑制原住民最擅長的打獵，改變因好槍械而引來的打殺風氣，引導其投入生產性的生計，從大正11年至昭和2年，於台北州三處、台中州二處、新竹州一處、高雄與台東各一處、花蓮港二處，合計設置了十一處牧場。獎勵飼養家畜的成果相當好。

3.養蠶

原住民地區到處皆是茂盛的野桑樹，不僅氣候適合養蠶，養蠶亦可陶治性情，削減原住民打殺風氣。政府當局鼓勵他們養蠶是在大正5年，於各個地方設立養蠶指導中心，從桑園的準備到養蠶、紡績，全面指導。

訓育與觀光

▲ 如禮山各社頭目前往台北觀光

內地觀光狀況

年月	管轄	種族	部落	人數	觀光地
明治30年8月	大料崁外撫墾署	泰雅族、布農族、曹族		13人	長崎、大阪、東京、橫須賀
同43年2月	阿緱廳	排灣族	高士佛社等7社	24人	日英博覽會倫敦會場44年6月返台
同44年3月	桃園等五廳	泰雅族、排灣族、阿美族、曹族	角板山社等8社	10人	神戶、京都、姬路、大阪、小倉、枝光
同44年9月	桃園等六廳	泰雅族等6族		43人	神戶、大阪、京都、名古屋、東京、橫須賀、岡山、廣島、小倉、八幡
同45年4月	台北等五廳	泰雅族、布農族		53人	東京、神戶、橫須賀等七處
同45年10月	台北等四廳	泰雅族		50人	伏見、名古屋、大阪、廣島、小倉、近衛的各師團、吳
大正7年4月	各廳	泰雅族、布農族、排灣族、曹族		60人	大阪等五處
同14年4月	花蓮港廳	阿美族		15人	神戶等八處（自費）
昭和3年4月	花蓮港廳	阿美族		46人	神戶等八處（自費）
同4年4月	新竹州	泰雅族		23人	神戶等八處（自費）

內地觀光的目的

　　明治30年第一回的內地觀光，一行於台北臨出發前，總督代理立見軍務局參謀長做了下列訓示：

　　「這將是你們的首次體驗，你們要坐大船乘風破浪萬里到內地旅行，振奮之心情我能理解。希望這次旅行會給你們帶來收穫，隨行人員也會沿途照顧你們。不過，基於首次體驗，有兩、三個重點請注意。（中略）我相信你們在內地的所見所聞，會超乎你們在山中的想像而感到驚訝。然而，內地的進步繁榮，是由於以前日本人也曾有過以在戰場取下很多敵人首級為功績的時代，如今已毅然改變，順天理人道、努力學習才有今天的成果。你們如果也順天理人道、刻苦耐勞的話，你們現居住的山地也會逐漸變得與內地一樣繁榮昌盛。」

◀觀光一行中，有排灣族、泰雅族、布農族、曹族。

▶草山社原住民品評會（第二回）

▲泰雅族入京觀光團一行五十二名(含四十社的頭目)

『 原住民觀光日記 』

民政局技師　藤根吉春　報告

明治三十年八月二日　晴

前往東京的原住民及譯員集體到達後，於本日上午八點一同前往殖產部，由軍務局澤井參謀陪同前往參觀砲兵隊騎兵隊兵器修理廠。正午十二點，立見總督代理於總督府大廳接見了原住民，同時做了一番訓詞。（略）

八月三日　晴

（略）聽說原住民搭乘釜山丸，日本海軍的二名士官即前來觀看；我針對原住民的狀況做了一番詳細說明。原住民中有首次看到海的，對於浮在海上的船體之大，幾乎是自己家屋的兩倍而甚驚訝。又以為是房子的汽船竟冒着黑煙，發動引擎往前行駛，原住民是又驚又喜又感動。這艘船如何辨認海上道路而前進呢？船底有接觸到海底嗎？我們要去哪裏呢？船是如何前進的呢？等等許多的發問。

八月四日　晴

（略）原住民說，自清朝長久統治台灣以來，從未像這次各地原住民聚集一堂。而且從未被清國以公費派遣到外地做實況視察。並對此行之安排特別高興。

八月五日　晴

（略）由蕃薯寮來的這些搭乘者躺在甲板上，嘴裏哼着原住民歌謠，不堪思鄉之情而偷偷落淚，一番勸說，才止住淚水。

八月六日　晴

（略）在長崎港尚未靠岸，他們就一刻也等不及地要登陸，想看看這片土地有多大，其培栽法和家鄉的有何不同。然而所見只是一重重山岳而不見平野，遂大失所望。步行到廣闊的市區，其房屋、街道整頓得非常清潔，與台灣一比之下，又是讚嘆不已。隨後，兩點鐘由長崎出航。

八月七日　晴

安全地通過玄海灘，於早晨抵達門司。由於昨日的經驗，避免人多擁擠的苦頭，而且又無可看之處，原住民就沒有下船去走動。

八月八日　晴

氣候平穩，又航行於內海，所以一早就安全抵達宇品。立刻與長野主事拜訪通訊部。（略）原住民指着通訊部的廁所詢問，才知是廁所。原住民說這廁所比我的家還漂亮時，使我覺得有些可笑。（略）

八月九日　晴

天未明即安全抵達神戶。（略）鍋嶋縣屬巡查兩名立刻迎接本船，引導原住民由警察分署後面登陸，市役所職員前來帶引他們前往神戶小學早已準備好的住宿，接着請醫師前來醫療兩名原住民病患。正逢校內舉辦音樂講習會，原住民一聽到音樂，就全部擁過來傾聽。（略）步行市中心之時，前後都有兩名巡查護衛。至於神社，則往往事先派遣幾名警官，維持秩序，以免混亂。原住民住宿到晚上九點左右，警衛便會將那些來看熱鬧的人群遣散。（略）回到住宿的原住民，聽他們彼此交談：「我們來到日本，所見之長崎、宇品、神戶，屬神戶最好。（略）上等人住上等房子，下等人住下等房子，不幸的是我們生來就是原住民，住的地方比日本人的廁所還不如，實在可悲。」「為國效力，理所當然，但支那人也實在太可恨啊。」

八月十日　晴

（略）神戶出發之際，買了一份大阪每日新聞，上面有關於原住民上京的記事及原住民的插圖。我把報紙拿給他們看，他們發覺圖中人物與自己容貌竟然如此相似，驚訝之餘，尋問是何人所畫。我說是昨日來訪的記者畫的。他們對記者的行動敏捷感到非常驚訝。

八月十一日　晴

清晨六點十五分由名古屋出發，七點六分抵達東京，成田技師及二宮、今井兩人前來迎接，在警察官的保護之下，乘車至芝區愛宕町高野館投宿。（略）日本的山上有許多鹿豬，田地也開墾得很好，什麼都比台灣強，為何日本人要離開本土，來到落後的台灣？原住民不解地問。「因為台灣現在是日本的領土，不久的將來，台灣也會呈現和日本一樣的光景。」如此地回答，原住民都說好好。（略）

八月十二日　晴

（略）通訊社員及其他新聞記者來訪，詢問原住民情形。

八月十三日　晴

上午八點二十分於帝國飯店，總督接見原住民時致辭：「你們老遠來日本，因為水土不服，所以須注意飲食，希望你們健康地返回家園，並將在日本所看到的一切告知家鄉的人。」之後，為慶祝安全抵達東京，送給原住民煙酒。（略）穿着原住民服裝步行東京，可能有害風化，也不大雅觀，恐怕叫人笑話而引起議論，所以，原住民一抵達東京時就訂做的衣服，今天做好了。

八月十四日　晴

（略）原住民中未曾入過浴者甚多，脫了衣服跳入浴缸，才警覺到水的熱度，同時也對浴缸的深度為之一驚，再趕緊跳出浴缸。其餘的原住民聽了忠告後，便穿着衣服進入浴缸，沒想到衣服弄濕更麻煩。有的原住民知道了「肥皂」的用途，就往身上亂抹一通，有的則在浴缸裏梳洗頭髮，有的舀熱水，有的從頭上澆水，一片混亂。雖然滿嘴牢騷，但洗過澡後的清爽，卻令他們高興。（略）遊過公園之後，參觀博物館時，對於佈置於入口處長約三、四丈的鯨魚骨架看得目瞪口呆，一同發出驚訝怪聲。（略）在礦物陳列室裏，告訴他們這些石頭都含金或含銀，原住民地區如有同樣的石頭，我們日本人將進行採掘，謀相互之利益。於是，每個原住民都很熱衷地觀察着。（略）走到陳列刀劍槍械之處時，對於喜好武器的原住民來說，是很難再將他們帶往別室；尤其是長矛，特別引他們注目。（略）

八月十五日　早晨陰　午晴

（略）參觀工廠時，工廠女工不聽主管制止，全體停工來看原住民，使原住民感到不愉快，因而無心參觀。（略）

八月十六日　晴

（略）事先受了坪井學士之託，若原住民的參觀學習告一段落，有空暇之餘，請知會一聲。由於今天沒有安排節目，通告了坪井學士陪同鳥井等人來做了種種有關原住民的研究。（略）

八月十七日　晴

早晨七點參觀青山練兵場步兵大隊的實彈演習。之後，「襲擊」的一聲令下，拔劍上鎗，吹響進軍號，衝鋒突擊敵堡。看得原住民欣喜若狂，不由自主地與士兵一同前進。（略）

八月十八日　晴

參觀芝區的赤羽根製造兵器工廠。（略）原住民說：「我們生活上非常需要槍械，但是很難到手，希望能帶一隻回去做紀念。」工廠負責人則詢問我有關原住民的槍械取締及購買方法，即希望我請示大臣是否可想個辦法，然後透過我轉達原住民。

八月十九日　晴

（略）第二回時，原住民站在槍靶附近，親眼看見連續的砲擊，而個個砲彈幾乎命中靶子，對於如此遠程距離的砲擊命中，相當顫慄於砲彈的威力，聲明絕對不敢與日本作戰。（略）

八月廿一日　晴

（略）原住民看見兩艘船艦停靠港灣，詢問這船是如何駛進的。在主管負責人說明後，原住民說：「至目前為止，中國人告訴我們日本人什麼都不會。而在今日的各種參觀下，才明白是中國人的謊言。」（略）

八月廿二日　晴

此日天皇由京都坐專車回東京，打聽到這消息，即洽詢如何拜見天皇的玉車。結果，長野主事就率領原住民至彥根下車，將行李放置於停車場前，瞻仰了天皇，原住民都高興得不得了。（略）

八月卅一日　晴　船上

午前十一點抵達基隆港。（略）

我的拙見——

原住民視察了內地情形，對於日本帝國兵備之強盛，感到震驚而決心不與日本為敵；也提到參觀日本，得花上五、六年的時間才夠。

一旦被日本帝國的威力嚇破了膽，加上總督府以恩愛化育來對待他們這些純樸無知的原住民，對其恩澤，是感激又感動。（略）根據大料崁的翻譯員緒方正基及台北縣殖產課長大庭的書信，得知前來東京返回部落的原住民將內地的情景告知遠近原住民，並讚揚日本帝國之富強，火車之便利，及得到種稻的改良方法、紡織業的指導。大家聽了，都遺憾未能參加東京一行。由此可見，來東京一趟，對原住民的感化力相當大。乘此伺機有效地對他們勸導善誘，無疑地有助安撫。由原住民到東京一行的效果看來，可視為撫育原住民的一種手段，因此有再三試行之需，望今後數年間能繼續派遣數名原住民到東京。茲舉出上京後對原住民該注意的事項，以供日後參考。（略）（終）

觀光所感

　　明治45年，觀光團一行返台後，佐久間總督向警視總長龜山質詢有關原住民觀光後的感想。原住民針對此行做了很坦率的真情敘述。

　　「日本人的人數宛如樹葉一般的多。讓這麼多的日本人來居住的話，我們再多的部落合併起來也容納不下。就算只讓日本軍隊住也是不可能。製造彈藥的人數簡直像一大群的螞蟻，是我們數也數不清的。用四匹馬拉的大砲，又大又長，可以上下左右自由轉動。在廣島看到的黑色大砲以及軍艦上裝載的大砲，非常壯觀。大砲的射程有多遠，我們不知道，不過我們猜想如從李棟山射擊出去的話，可以飛過奇拿餌社對面的山嶺。我也看到如瀑布般發射出子彈的槍。我也坐了飛機。我們在山上時，由參觀東京返鄉者的話中，只知道有如大鳥在天空飛來飛去的東西；這次我們實際地乘坐，確實令人十分驚奇。

　　本來，我們只是住在深山裏，以為不被平地人看見就可安心；但是，乘坐這如同怪鳥的機械，從天空望下來，這裏是部落，那裏是耕地，都一目瞭然。從頭上投下一顆炸彈時，我們要躲到哪裏才能避開？就算躲到洞穴或岩石的背後，也容不下這麼多的人，結果還是避免不了危險。即使躲到什麼地方，卻因為無法去田裡耕種，沒有食物來源，以至於逃不過餓死的悲慘命運。我們一直以自己的勇敢自豪，自認天下無敵。這也是因為不知道日本的偉大才會這樣。真是感到慚愧。」

　　至於內地觀光感到最高興的事是：

　　「所到之處，日本人如螞蟻般地，一個接一個來到我們身邊，看起來一點也都沒有憎恨我們的樣子。雖然話語不通，但大家都很親切地對待我們，其中也有人送給我們各式各樣的禮物。特別是軍隊，我們一直都以為是最可怕的人；但是，這回才知道他們對我們是如此親切，而感到相當高興。」

▶ 日本內地舉辦博覽會時，便由台灣總督府派遣原住民歌舞團（由漢人裝扮）前往表演，藉此宣揚原住民文化，同時也誘致內地人來台觀光。

觀光成果

　　根據當時率領原住民赴內地觀光的藤根技師所做之報告『原住民觀光日誌』記載，他們看到內地的情形，震驚於日本帝國兵備之強盛，才覺悟到絕對無法與日本為敵的事實。報告中提到原住民說，如要遊覽參觀整個日本，得花上五、六年的時間。又說，看到他們一行安全返家的遠近族人，甚至婦女兒童，都對沒有參加這次的內地觀光而感到遺憾。

原住民兒童的教育

日本佔領後的兒童教育

明治30年，在南部地區的要地設置警察官吏派出所時，利用當地駐在官吏之餘暇，同時擔任原住民兒童的教育工作。

明治35年5月，蕃薯寮廳（高雄州旗山郡）下的「蚊仔只」部落警察派出所，首次招集附近原住民兒童，開始由國語、農耕、畜牧、計算等科目，有系統地授課。

明治41年3月，制定了蕃務官駐在所的教育基準及教育費用基準，原住民兒童的教育稍有統一性的整頓。

完成了五年計劃的理蕃事業之後，因為每年增設教育所，增加了非常多的就學兒童。昭和3年1月，改正教育基準，接著編寫國語課本，選定了各種教科書。

昭和5年的現在，全島的原住民兒童教育所有173處，就學兒童數是6,695名。

(臺灣) 角板山蕃童教育所
The School for Young Savages. Kappanzan. Formosa.

◀角板山原住民兒童教育所

州下の教育所の中には三十名餘の
（イバホ蕃童教育所）
官察警は師敎し監附に所在莊

愛裝扮的男女

▼曹族的青年

古代原住民歌謠

大傑巔社的祝年歌

新年伊始
備齊供物
祭拜天地
新年伊始
謹祈豐收

▲泰雅族的男女

▼賽夏族的男女

放練社的種薑歌

三月天　藍藍的青空
男女老幼
下田去種薑
待薑豐收　再歡宴

麻豆社的思春歌

難眠之夜
思念伊人
昨夜又夢見伊人
大膽傾述嗎？
但我害羞的心

▶ 排灣族的男女

淡水各社的祭祀歌

祖公唷
祖母唷
來享受吧
這杯酒這些飯菜
承蒙您庇蔭的年年歲歲
東望西望皆豐實的稻穗
挑也挑不完的豐收

◀ 布農族的男女

一個人睡覺的夜晚
真痛苦
微微地聽到歌聲
以為是伊人來到
走出一見原來是刮竹風聲

◀阿美族的男女
▼雅美族的男女

牛罵沙轆二社的思歸歌

　上山捕鹿去
　思念起
　家中的妻兒
　真想返家一趟啊

排灣族的圖騰 人面和蛇是排灣族住家的圖騰。

編織盛裝

在強烈的陽光下，女人們一邊哀怨地唱着歌謠，一邊編織着盛裝。從前，裸着身子的她們，現在也穿起美麗的衣裳了。

寧靜的春之聲 峽谷原住民地區的早晨隨着和平的杵音一起來臨。唱着寧靜的歌謠,如兔子搗米般地搗着早飯的小米。

奇妙的笛聲

泰雅族霧社族群巴蘭社部落的姑娘們,吹奏竹笛的美妙音色,打動著年輕小伙子的心。。

用早餐的一家人

看起來像洗臉盆的食器裏，小米和副食品攪雜在一起煮。

互相灌酒

泰雅族霧社族群巴蘭社的好友共飲。用葫蘆當酒袋，注入新釀的酒，以青竹杯一口接一口地互飲。

泰雅族

太魯閣族的美少女

住在名勝太魯閣深山，可
愛的少女們都是純情的。

10 Beautiful girl of Taroko Savage, Formosa. (臺灣) タロコ蕃の美少女

▲泰雅族的美人

訂婚者之歌

男：成為夫婦的話，要身體健康，勤儉持
　　家唷。

女：如你所說的，向祖先發誓。

男：再生十個或二十個孩子唷。

女：我和祖父母、父母不一樣。一個接一
　　個，要生許多的孩子喲。

男：還要盛宴邀請大人及頭目唷。

女：大家、貴賓們盡情地喝、盡情地玩
　　吧，喝完一杯再一杯，盡情地歌唱
　　吧，喝乾為止喲。

Tatooing by Savages. Formosa. （臺灣） 荒人の入墨施術
男子と未婚者は顔とアゴに、既婚婦女は口から耳にかけて
刺墨をします併し最近は此の惡習を禁じて居ます

刺青技術

格結婚。

不論男人或女人，婚前就要紋面，才有資

1 An old Savage of Taiyarn tribe, Formosa. （臺灣） タイヤル族老番
老えたれど頑健しかし何處となく柔和な所がある
彼の武勇談こそ物凄いものがあるであらう

No. 204 AN OLD SAVAGE WOMAN, FORMOSA
タイヤル族の老婦人　口から耳へハツキリと入れた入墨
近頃は政府もいものは禁止つている

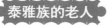
泰雅族的老人　　老年人各個頑強健壯，但
　　　　　　　　總覺得有其和藹之處。

泰雅族的老婦人

126

 **泰雅族的婦人** 勤勞持家的婦女們也是體貼能幹的妻子。

214 SAVAGE WOMAN OF TAIYARU TRIBE. FORMOSA
タイヤルの蕃婦
の女房といふ所でしようかね

烏來瀑布 位於距離烏來社2公里之處,附近有溫泉,是個風景優美的地方。烏來社的夫婦倆,經常恩恩愛愛地牽着狗散步。

◀合歡族的青年

久良栖社的住家 八仙山的深山裏，明治溫泉附近住着原住民。亦有許多的日本式建築物及
磨坊。

少女們的舞蹈 原始的她們也擁有美妙的音樂和舞蹈。

泰雅族的屈尺族群 最靠近台北地區的原住民,個性溫順且勤勉。

在野外和睦生活的泰雅族青年

▲ 泰雅族奇拿餌族群的武裝

獵首級之歌（泰雅族）

出草狩獵人頭

到對方去等待

在路上

沒有自己送上門來的人頭

那怕是逃走也要用刀砍下

守備隊來的話也不逃走

不害怕，只惱怒

想念的只有母親

面臨死亡也不會怕死

葬身野無所畏

只是沒將人頭取回

無顏面對江東父老

▲ 泰雅族的出獵

▲賽夏族的老勇士

布農族

戀歌（布農族）

男人之歌

喂，爲了今後的繁榮，大家同心協力
不知爲什麼
想要女人，沒有女人
因爲沒有女人，心灰意冷
我是單身漢，沒有妻子
想借用一下，被女人們罵
每晚每晚陰莖勃起
我眞的快要死了
因爲沒有妻子，情緒消沈

女人的答歌

我不斷地相思
沒有男人來要我
父親嚴格得無法去會你
就算我眞的愛上你
在父親每天嚴加看管下
也無法和你會面
我眞想死
一到半夜陰門就癢
眞想有個男人陪
看到有愛人的女人
眞想和她一樣擁有眞正的男人

▲ 布農族的男男女女於假日喝個大醉的光景

◀ 曹族的出草

獵人頭之歌（曹族）

從前我們的祖先
發揮無比勇敢的威風
與其他種族作戰
沒有不勝利

砍下的敵人人頭
如樹葉般多得數不清
高唱凱旋歌
勇士歸來的雄姿
望穿秋水的女人們
欣喜地迎接

慰勞的勳章
慘相的獲物
爭先搶人頭
來到山谷把血洗去
以肉祭祀

107 (臺灣) 日月潭情調 杵の音 SAVAGE MUSIC ON PESTLES AT JITSUGETSUTAN, FORMOSA.

▲日月潭情調的杵音

121 日月潭の獨木舟 （臺灣） SAVAGE CANOE AT JITSUGETSUTAN, FORMO

▲獨木舟

（臺灣）　日月潭の獨木舟
114　Savage Canoes at Jitsngetsutan, Formosa.

▲獨木舟

112　（臺灣）　日月潭の四手網　FISHING WITH
SQUARE NET AT JITSUGETSUTAN, FORMOSA.

▲四手網

排灣族

盛裝的排灣族頭目

以自己狩獵獲得的野獸之皮、牙齒為傲，穿戴在身上。

▲排灣族婦人的禮服

No. 210　CHIEFS OF PAIWAN TRIBE IN THEIR FULL DRESS
盛裝したパイワンの頭目　秋等の自ら獲た獸の皮、牙などを誇らしげに着けた彼等の盛装

石造的住屋 排灣族的住居是所有原住民住家中最講究的。

No. 208 — GIRLS OF PAIWAN TRIBE FORMOSA.
パイワン族の娘達　これから踊らうと集つた娘の群　一番氣の高い花や葉で飾りたてゝ居ます

排灣族的姑娘們 準備開始跳舞而集合的姑娘們，配戴着清香誘人的花草。

Dwelling of the chief savage of Raisha, Paiwan tribe, Formosa.
軒下に種々の彫刻がしてありこれで各人間の階級を示して居るのださう

屋簷下的種種彫刻，代表着原住民之間的階級。

排灣族萊社頭目的住居

集會

在頭目前集合的原住民們。

08 SAVAGES OF PAIWAN TRIBE, FORMOSA.

頭目の前に集つた蕃人達　「者の者」と呼びかける處でせう
か　頭目が一同を集めて何か言ひ聞かせて居ます

阿美族

土器的製作　簡單地用火燒的土器，有各種不同的用途。蒸鍋、湯鍋、飯鍋、供具等，均以形狀來區別。

▲取水是阿美族婦女每天的一件大事，水必須從數百公尺的谷底取上來。

SAVAGE DANCE BY AMI TRIBE, FORMOSA.
アミ族蕃人の踊り　アミ族獨特の髮飾　腰飾　半裸体で男
らしく活潑に踊る

阿美族的舞蹈　配戴阿美族獨特的髮飾及腰部裝飾品，半裸着上身，充滿着男子漢氣概，活潑地舞蹈。

No. 202　DANCE OF AMI TRIBE, FORMOSA.
アミ族蕃人の踊り　遊壯な男性的な踊　足どにつれて腰
の鈴が氣持よく鳴る　胸躍ムク樣な踊

　雄壯的男性舞蹈。腰部的鈴鐺清脆響亮。

Ships of Yami tribe, Formosa (蘭嶼) ヤミ族の刻非
紅頭嶼ヤミ族の用ふる彼等獨特の舟です
裝ひ疑らしてなかなか大したものです

雅美族的船

紅頭嶼雅美族所使
獨具風味的船。精
設計真是壯觀。

◀雅美族的族人們

雅美族的雕刻與船（摘自『紅頭嶼土俗調查報告』）

　　原住民做的土器精巧之外，在雕刻方面也很講究。他們主要的雕刻物是刀鞘、木笠、木盆、木偶、魚鈎盒、臼等等。特別是木偶的製作，有趣又簡單地表現了其骨格與風俗。他們使用一般樹枝製作木偶。在刀鞘、家中柱子、門檻、板壁上雕刻人物及幾何圖形。

　　台灣原住民自己製造船的相當少，然而紅頭嶼原住民很熱衷於製造。茲將船的一般性製作記載如下：

　　他們的船並非獨木船，而是木板船的最簡單型。原住民稱這種船叫Tatara。他們做這種船，具有專門技術的人稱之為「船匠」。

　　最初製造Tatara時，在船底放置一根木頭，左右裝釘木板，接合木板是用木釘。木板之間的縫隙塞滿宛如海綿，稱之為Baro的東西。左右的木板接合之後用籐子固定好。船板的外表是波浪形的模樣。船的兩端四處刻有「眼」的模樣，原住民稱「眼」為Mata-no-tatara，也就是船的眼睛之意。然後在「眼」的兩邊刻有各社原有之特定花紋。為了使船看起來更好看，塗上紅、白、黑的色彩。紅的色彩使用紅土，白的色彩使用石灰，黑的色彩則使用木炭。（略）

　　紅頭嶼原住民的船沒有錨。船不用時，停放在海岸邊，或者放進稱之為Kamarig-tatara的小屋裏。以槳划船，划槳的方式與西方式小船一樣。紅頭嶼原住民的船附有帆，但是我在該島住了七十天，從未見過使用帆的船。

▲ 茅野正名的作品（取材自『高砂族的雕刻』）　　　　　　　　　**145**

▼ 檳榔樹下的茅茸小屋 ▶

No. 151 (臺湖) 茂る檳榔樹　Betel-nut trees, Formosa.
臺湾島の特色を象る樹木です　この實は石灰と一緒
に嚙生れます　煙草の代りにでもなるらしいです

▶ 石砌的住屋

▲耕種情景

▲水田耕種

▲平日主食的玉蜀黍

鳳梨 住在山腳的原住民，在遼潤的田野上成功地培植了鳳梨。

瞭望塔 防備敵人偷襲的監視塔。使用十根以上已去除雜枝的樹幹做柱子，在其上面搭建小屋。可以承受五、六人。

▼酋長和他的兒子們

SAVAGES IN TAIWAN

▲ 背著背籠的婦人

▲ 搗粟

和樂的家庭 他們沒有所謂的家庭爭吵。男人負責耕種、狩獵；
女人做家事，過着和樂的生活。

用餐

一日三餐,一餐吃米食,另外兩餐吃薯類。全家人聚在一起,快樂地圍著鍋子吃晚餐,用手代替筷子。

◀陶醉在煙草中的婦人們
　（泰雅族北勢族群）

▶陶醉在煙草味中

射擊競技 對原住民而言，射擊是最重要的技能。功夫差的人，會影響到他在伙伴中的勢力。

戰鬥歌

啊，真高興　出戰取得首級
兄弟們不怕敵人
兄弟們高談諸人的功名

阿比亞首次殺敵
到集會所　就香味噴噴

討蕃略年表

（摘錄自『台灣大年表』第4版）

西曆年號	月日	概　　　　要
1895 （明治28年)	8.25	・樺山總督訓示：「台灣的開墾與殖民，首先必須從馴服原住民着手」。
	9.2	・爲了招待原住民，派遣民政局殖產部長押川及台北縣知事橋口前往大科崁。（敎化原住民的最初措施）
1896 （明治29年）	5.4	・大湖附近的原住民屢次大肆出草。由於住民極爲害怕，派苗栗守備隊之一組分駐大湖。
	5.10	・大約四十名原住民前往宜蘭大坡庄出草，砍下五名本島人（漢族系台灣人）的首級。
	9.1	・通令凡出入原住民地區者，必須有管轄區撫墾署長之許可。
	9.2	・於豬勝束社設立恆春國語講習所分校。（原住民教育的開始）
	9.13	・原住民前往大科崁大平庄出草，砍下二十三名本島人的首級。
1897 （明治30年）	1.29	・在湯地中佐指揮下，開始討伐太魯閣族群。
	6.21	・舉辦原住民前往內地觀光。
	8.5	・藤根技師率領原住民頭目及手下十一名，出發參觀內地。
	9.1	・於總督府設立「生蕃取締方法調查委」。
	11.14	・乃木總督前往大湖苗栗附近的原住民地區進行視察。
1898 （明治31年）	4.23	・成立「蕃情研究會」。
1899 （明治32年）	3.7	・東勢角原住民殺害二十九名罩蘭庄民。

1900 （明治33年）	1.25	·起訴原住民的犯罪事件，檢察官接獲總督的指揮與訓示。
	2.20	·於台北、台中兩縣設置警備蕃害之護境哨兵。
	2.22	·禁止原住民地區的侵佔與使用。
	8.30	·討伐大嵙崁方面的部落。
	9.8	·大嵙崁的一部分原住民極為凶暴。造成從事製造樟腦的一百數十名男子行踪不明。
1901 （明治34年）	4.30	·為防備原住民邊界，安置大砲。
1902 （明治35年）	5.20	·殺害巡查的原住民隆隆與薩其斯被判決死刑。（首次判原住民死刑之案）
	7.8	·一百數十名的殘暴原住民襲擊南庄。
	9.5	·准許原住民的業主權。
1903 （明治36年）	1.27	·民政部警察本署接手管理原住民及原住民地區的事務。
	3.14	·設置「臨時蕃地事務調查課」。組織「蕃地事務委員會」，針對原住民地區的開發方法、計劃等進行審議。
	5.11	·開始討伐阿里港原住民。
	10.6	·南投廳的南、北原住民大武鬥，共有一百餘人死傷。
	11.14	·匪首詹阿瑞兄弟為原住民所殺害。
1904 （明治37年）	1.29	·於去年十月遇難的美國帆船船員漂流到紅頭嶼時，受到島上的暴力攻擊。因此於今年1月27日征伐此島的原住民，於本日撤回。
	7.27	·制定「隘勇線設置章程」。
	8.25	·後藤民政長官巡視深坑、桃園仔、新竹、苗栗4廳管轄之原住民地區。
	11.1	·一部分凶殘原住民襲擊苗栗支廳管轄之北洗水坑的隘寮，殺害巡查等二十七名。
	11.4	·嘉義廳達邦社派出所開始進行原住民兒童教育。
1905	2.3	·發佈「蕃人公學校規程」。

（明治38年）	2.20	·一部分殘暴原住民襲擊深坑支廳的屈尺，殺害內地人十二名、本島人二名。
	9.22	·發佈「蕃地取締規則」。
	9.28	·約百名施武郡原住民襲擊蕃薯寮四社的派出所，巡查及隘勇八名行蹤不明。
	11.3	·由於《台灣日日新報》登載原住民兒童的字跡，皇后宮太夫向民政長官傳達：「皇后陛下對於皇化之普及感到相當滿意」之旨。
1906 （明治39年）	1.13	·「台灣舊慣研究會」以獎金募集作品，題目為「生蕃人於國法上的地位。」
	5.31	·霧社族群的歸順儀式。
	8.23	·佐久間總督視察桃園廳轄內的原住民地區。
1907 （明治40年）	3.2	·埔里社的新隘勇線開始前進行動。
	3.13	·大料崁族群六大部落的歸順儀式。
	3.14	·許可烏來六社的歸順。
	3.28	·大料崁溪兩岸部落（十餘社）的歸順儀式。
	5.7	·大料崁隘勇線開始前進行動。
	6.16	·新竹廳轄內的馬福社與隘勇線前進隊激戰，日本軍損傷甚大。
	7.17	·桃園廳轄內的隘勇線前進隊於枕頭山屢次和原住民激戰，日本軍損傷甚大。
	10.7	·一部分凶暴原住民大舉襲擊桃園廳的插天山新隘勇線，日本軍多數死傷。
1908 （明治41年）	3.31	·璞石閣支廳轄內高山、平地兩原住民的和解儀式。
	4.9	·實施隘勇線內原住民邊界的土地調查。
	4.23	·宜蘭隘勇線開始前進行動。
	11.4	·於角板山監督所進行大料崁族群的歸順儀式。
	12.15	·台東的七腳川社原住民襲擊隘勇線，花蓮港守備隊出動鎮

		壓。
1909 （明治42年）	2.2	・南澳族群歸順。
		・花蓮港討伐隊苦戰，日本軍多數死傷。
	3.2	・南投廳的原住民聯合襲擊分遣所，砍下巡查及隘勇十一名的首級，掠奪槍枝彈藥。
	3.16	・台東原住民的歸順儀式。
	4.6	・台東廳的原住民殺害巴塱衛支廳長及警察官四名。
	4.15	・南投討伐隊開始前進行動。
	6.17	・宜蘭南澳族群的一百五十名原住民前往台北觀光。
		・住在樹杞林支廳轄內的上平林的本島人一家六口，被原住民砍下首級。
	7.4	・桃園廳角板山方面的隘勇線內開設原住民兒童教育所。
	8.18	・桃園隘勇線開始前進行動，造成多數死傷者。
	8.31	・桃園、新竹兩廳的隘勇線開始前進行動以來，死傷人數達一百六十四名。
	9.30	・派遣至原住民地區的軍隊全數撤回。
	10.29	・璞石閣支廳的吉岡琢治巡查率領觀光台北的原住民橫渡中央山脈。
	11.19	・白狗社歸順。
	12.14	・橫渡阿緱台東間的中央山脈探險隊一行，通事鄭青貴殺傷台東廳警務課長平野等六人，探險隊返回六龜。
1910 （明治43年）	1.8	・佐久間總督於官邸接見到台北觀光的合歡原住民。
	1.16	・於原住民部落設置「愛國婦人會台灣支部」，進行原住民地區之開墾、產物交換等事務。
	1.29	・合歡原住民襲擊宜蘭叭哩沙支廳的九芎湖駐在所，殺害堀川巡查等十一人。
	2.20	・佐久間總督巡視北部隘勇線之後歸來。
	5.21	・宜蘭隘勇前進隊開始行動。

	6.29	・宜蘭方面的討蕃隊共有數十回激戰，以澎澎山的夜襲最激烈，造成七十餘名死傷者。開始行動以來，日本軍的死傷人數達八十名之多。
	12.15	・開始討伐南投霧社族群。
1911 （明治44年）	4.4	・開始討伐北勢族群。
	5.8	・北勢族群討伐隊苦戰，池元警部補等七人戰死，另有數人負傷者。
	6.12	・佐久間總督於官邸接見原住民。
	6.24	・南投白狗社方面的一部分殘暴原住民來襲，殺害巡察等十人。
	7.26	・台東的平地原住民襲擊成廣澳支廳。
	8.2	・新竹前進隊開始行動。
	8.8	・新竹前進隊中，死傷者繼出。太田警部補等二十名戰死，五名行踪不明。
	10.5	・台中隘勇線開始前進行動。
	11.6	・台北醫院內，討蕃傷患病房落成。
1912 （大正元年）	1.23	・台中北勢族群討伐隊戰死者十三人，負傷者數名。
	2.12	・新竹北勢族群討伐隊付出許多犧牲者而占領久保山。
	2.15	・佐久間總督來北，於官邸接見觀光中的南澳族群。
	4.26	・南投廳白狗方面的前進隊開始行動。
		・山縣、大山、奧三元帥引見東京觀光中的原住民。
	5.3	・白狗前進隊隊長及副隊長戰死。
	9.19	・李崍山方面的一部分兇殘原住民來襲，交戰九天，渡邊隊長等多人負傷。
	10.3	・組成新竹討伐隊，新竹廳長家永為前進隊長，開始部署前進行動。
1913 （大正2年）	1.15	・宜蘭廳轄內的四十四名原住民前往台北觀光。
	3.31	・台北廳新店支廳轄內的原住民襲擊樟腦寮，砍下內地人、本

		·島人等七名首級。
	6.25	·開始大舉討伐新竹、桃園廳轄內的部落。
	6.26	·出動軍隊前往新竹、桃園的原住民邊界。
	7.1	·出動陸軍各部隊前往宜蘭的原住民邊界。
	7.6	·佐久間總督出發前往李崠山討伐隊司令部。
	7.18	·內田民政長官出任討伐隊總指揮官，出發前往李崠山司令部。
	8.12	·溝古仔社的四名原住民襲擊汽油發動機船，砍下三名船員的首級。
	8.13	·西侍從武官於李崠山討伐隊司令部，將聖旨傳達給佐久間總督。
1914 （大正3年）	1.23	·佐久間總督於台北偕行社接見太魯閣的百名原住民。
	2.6	·駐屯宜蘭原住民地區的金山伍長等五人遭原住民狙擊，三名即死，二名輕重傷。
	2.20	·花蓮港前進隊開始行動。
	4.18	·發佈「蕃人公學校規則」。
	5.14	·佐久間總督出任太魯閣族群討伐軍司令官，出發前往原住民地區。
	5.17	·開始進行討伐太魯閣族群。
	10.9	·阿緱廳轄內的一部分兇殘原住民襲擊里奇利奇社駐在所，殺害警部補等二十一名。
	10.11	·一部分兇殘原住民大舉襲擊枋山支廳，殺害阿里港支廳長等九名。
	10.31	·里奇利奇社事件後的死傷者七十四名。
1915 （大正4年）	4.23	·北勢族群的歸順儀式。
	6.23	·安東總督於偕行社接見原住民。
1917 （大正6年）	1.8	·台中廳轄內的原住民包圍襲擊丹大社駐在所。
	5.23	·新竹、桃園兩廳轄內的原住民相互殘殺，十數人死傷。

	7.23	・發佈「關於蕃人金錢物品的授受規定」。
	9.8	・與新竹殘暴原住民和解，進行埋石儀式。
1918 （大正7年）	1.15	・准許西布昆族群的臨時歸順。
	2.25	・高山族群的歸順儀式。
	7.12	・明石總督於官邸接見二十名原住民。
1920 （大正9年）	4.6	・北勢族群警備組成搜索隊。此期間原住民的危害日益倍增。
	5.16	・警察飛行班於原住民地區偵察飛行。（以後每日於原住民地區偵察飛行、練習爆擊）
	6.17	・瀑勇社兇殘原住民的根據地完全夷平，燒毀了倉庫十二棟，住家十棟。
	7.6	・台中東勢角支廳轄內的原住民大舉襲擊隘勇線，殺害警官等十名。
	7.7	・台中東勢角轄內的原住民襲擊樟腦寮，殺害七人。
	7.17	・新竹廳舍加路警戒所遭掠奪彈藥5,500發。
	9.18	・台中州轄內的沙拉茅族群聯手襲擊分遣所，砍下七人首級。之後又於椚岡駐在所砍下四人首級。
	11.4	・一部分殘暴原住民襲擊萱原分遣所，殺害巡查等九人。
	11.17	・搜索隊殺死二十五名殘暴原住民。
1921 （大正10年）	1.26	・加佑、凱雅兩社原住民的臨時歸順儀式。
	3.2	・新竹州組成討伐隊。
	3.11	・討伐隊與原住民發生激戰。
	9.5	・能高原住民大舉襲擊沙拉茅族群。
1924 （大正13年）	9.21	・由原住民組成的能高棒球隊與台北的各個棒球隊比賽，獲得好評。
1925 （大正14年）	2.23	・原住民花岡一郎參加台中師範學校入學考試合格。是原住民首次考進師範學校者。
	4.24	・台東廳卑南社出身的台東醫院官補希辛等五人被授予獎章。
	7.3	・原住民能高棒球隊遠征內地，於30日返台。

	7.17	・阿里山的達邦社舉行獻穀粟拔穗祭。
	7.29	・台灣山砲兵大隊舉行創立祝賀會。
	9.21	・警察飛機於原住民地區進行威嚇飛行。
	11.14	・花蓮港廳轄內的太巴朗部落的納骨堂落成。（同時撤廢首級棚架）
1926 （昭和元年）	1.19	・屏東航空分隊於原住民地區進行三天的威嚇飛行。
	2.13	・潮州郡萊社舉行獻穀播種祭。
	6.17	・新竹州大溪郡奇拿餌、馬利古灣兩族群交出槍支287把、彈藥493發。
	6.29	・從新竹州轄內的原住民手中收押槍支336把。
	7.5	・新竹州大溪郡奇拿餌、馬利古灣兩族群舉行和解儀式。
	9.12	・警察航空分隊的飛機由屏東北飛，於北部原住民地區進行威嚇飛行。
	9.28	・台北州的溪頭、南澳兩族群舉行和解儀式。
	9.30	・新竹州竹東郡上坪前山族群、上坪後山族群、南庄族群、鹿場族群、汲水族群與奇拿餌、馬利古灣族群舉行和解儀式。
	11.14	・新竹州合歡族群與台北州南澳族群舉行和解儀式。
	11.28	・溪頭、屈尺兩族群於烏來舉行和解儀式。
1927 （昭和2年）	3.7	・於總督府召開全島理蕃課長會議。
	3.9	・花蓮港玉里支廳中城庄的平地原住民與高山原住民舉行和解儀式。
	12.23	・台中州東勢郡烏來魯馬族群的移住儀式。
	12.24	・東勢郡沙拉茅族群的歸順儀式。
1928 （昭和3年）	1.31	・廢除阿里山視察者的入山許可證。
	8.26	・台中州東勢郡雪山坑原住民的移住宣誓儀式。
1929 （昭和4年）	2.12	・花蓮港廳轄內的阿美族建立「昭和紀念館」，舉行落成典禮。
1930 （昭和5年）	5.31	・台北州蘇澳郡寒溪方面的部分部落及文山郡烏來社的入山許可證廢除。
	6.8	・舉行台北州原住民助產婦講習成立大會。
	10.27	・於霧社公學校舉辦的運動會中，原住民同時暴動，殺害日本人警察及家族共一百三十四人。（即所謂的「霧社事件」）
	10.29	・警察隊與軍隊佔領霧社。 ・台灣守備隊司令部攻入埔里。
	10.30	・決定以武力鎮壓霧社的兇殘原住民。
	10.31	・為霧社事件的受難者募集捐款。

	11.4	・拓務省管理局長生駒爲霧社事件來台實地視察。
	11.7	・埔里臨時機場完工，配置四架飛機。
	11.19	・進入「討伐霧社兇蕃第二次計劃」，軍隊退至後方，由警察隊進入第一線。
	12.1	・改「霧社討伐隊」爲「警備隊」。
	12.20	・霧社搜索隊於櫻台舉行解散儀式。（三輪搜索隊長以下均返回）
	12.29	・石塚總督發表關於霧社事件的諭告。
	12.31	・平息霧社事件的結果如下： 陸軍將校戰死者‥‥‥‥‥‥‥ 22人 陸軍將校負傷者‥‥‥‥‥‥‥ 23人 警察官警部戰死者‥‥‥‥‥‥ 6人 警察警部補負傷者‥‥‥‥‥‥ 3人 原住民（歸順）戰死者‥‥‥‥ 22人 原住民（歸順）輕重傷者‥‥‥ 19人 原住民（敵蕃）戰死者‥‥‥約100人 原住民（敵蕃）自殺者‥‥‥‥450人 原住民（敵蕃）投降者‥‥‥‥575人 原住民（敵蕃）行踪不明者‥‥111人 　　（叛亂原住民總數‥‥‥‥‥1,236人）
1931 （昭和6年）	4.21	・倒咯嘓族群砍下霧社歸順原住民婦女三人的首級。
	4.25	・達烏棽族群襲擊歸順原住民，造成一百九十七人死亡，十三人負傷，一百零四人行踪不明。
	4.29	・倒咯嘓族群與投崗、西巴兩族群舉行和解儀式。（於霧社分所）
	5.6	・霧社的歸順原住民三百四十五人移往眉原。
	5.8	・於川中島舉行眉原族群與移住族群和解儀式。
	5.16	・霧社族群於櫻台舉行和解儀式。
	11.7	・東勢郡卑斯丹駐在所遭原住民侵害，造成巡查二人、妻子二人死亡。
	12.15	・舉行川中島與霧社兩族群和解儀式。
1932 （昭和7年）	1.4	・總督府囑託鈴木質起草的有關泰雅族的電影攝製完成。（收存其原始生活狀態做爲研究資料）
	1.17	・由能高郡警察課拘留所脫逃的特毛薩甫（霧社事件的行兇原住民），於鄉里達卡南社附近拒捕，遭警官就地正法。
	4.1	・台中師範學校畢業生下山一（母親是泰雅族人）就任霧社公學校訓導主任。

	5.30	・川中島社的原住民塔達澳旺於自家放火之後，砍下樟腦寮的本島人首級逃亡。當天於排巴拉森林中被逮捕。
	7.1	・阿里山族群的達邦社與施武郡原住民於狩獵區爭吵而和解，並舉行宣誓埋石儀式。
	8.19	・於霧社舉行霧社族群的移住宣誓儀式。（達烏棃、倒咯嘓兩社共計356戶，1,525人移住）
	8.30	・發佈「蕃刀佩用限制令」，除農耕用之外，一概不允許携帶。
	9.10	・於大關山駐在所附近檢查電話線的警官三人遭原住民狙擊殉職。
1933（昭和8年）	2.27	・包括達馬緱社頭目的長子在內，共計二十名未歸順原住民出發前往台北觀光。
	4.22	・達馬緱社頭目拉哈雷等十三人的歸順儀式。
	11.15	・里壠支廳的逢坂駐在所遭二十餘名兇殘原住民襲擊，砍下一名巡查的首級及殺害三名小孩。
	12.3	・殘暴原住民征伐隊滙合台北的支援隊前往行兇的原住民地區，平地原住民也加入行列。（20日的掃蕩計劃）
1934（昭和9年）	3.27	・擔任達奮教育所教育工作的小野巡查，在前往馬希山途中失踪。（暴露理蕃的不徹底）
	8.10	・森於菟博士來台進行原住民的人類學研究。
1935（昭和10年）	3.24	・確認布農族的土狗最適用於軍犬。
	3.31	・完成對原住民情操教育的三種教材（唱歌、遊戲、圖畫）。
	7.12	・開始出售原住民專用的煙草，老原住民不喜歡，但受年輕原住民歡迎。（昭和15年7月以後，一律禁止耕種自家用煙草）
	10.29	・於警察會館召開六族的原住民代表懇談會。
	10.31	・阿美族原住民於台北市內遊行。（原住民頭上插鳥羽毛，腰佩紅布，以半裸的隊伍訪問台灣博覽會的幹部）
	11.27	・京城醫學專門學校教授西岡博士為了人類學的比較研究，對台灣原住民的體格進行調查。
1936（昭和11年）	6.26	・大武支廳的原住民交出藏匿的槍支170把。
	7.28	・原住民地區開發調查隊奧田彧博士一行入山。
1937（昭和12年）	2.9	・台灣警察協會將本島理蕃的沿革製成電影。
	3.5	・為了讓阿美族的選手參加「東京奧林匹克大會」，於花蓮港舉辦第一回田徑賽。
	9.23	・高砂族少年以血書的日本國旗，送給即將出征的級任老師。
	10.3	・台東的高砂族組成「皇民協會」。

大東亞戰爭與高砂族

感謝狀

高砂（譯註：台灣原住民）義勇隊第一中隊繼「巴坦」一戰之後，又參加了呂宋島作戰。自昭和十七年五月廿三日起至同年八月廿八日期間，配屬於中地區警備隊，全力修復被美、菲軍徹底破壞的呂宋島山嶽縣之作戰縱貫公路。

此間在中、小隊長英勇的指揮下，全隊士氣旺盛，克服了疫癘、氣候與地形之種種困難，默默奮鬥。尤其在「澎特庫」與「魯布阿崗」之間半山腰的公路修復工程，於八千數百尺的斷崖上，加諸連日豪雨，接連崩塌，然而不管危險多大，冒着暴風雨，忍着糧食短缺，以堅忍不拔之精神克服一切。不僅盡力完成渡邊橋、松山、山嶽、四國、柳瀨橋等架橋，亦不眠不休進行其他土木作業及砍伐、搬運造橋的木材。

歷經三個多月之久，嚐盡辛酸，努力奮鬥，達成中地區警備隊的任務，有助作戰之完成，荒川高砂義勇隊的功績偉哉。

謹此對其功績深表感謝之意。

此致

高砂義勇隊第一中隊

昭和十七年八月廿八日

中地區警備隊長

獎　辭

高砂義勇隊第一中隊第三小隊於巴坦一戰中，自昭和十七年三月○○日起，由我指揮修築○○的補給輸送公路，冒着高山的炎熱與險峻，閃躲敵人的砲彈，嚐盡辛酸，日夜不停地努力作業。尤其是四月三日開始的總攻擊，冒着敵人砲火的危險，克服密林斷崖峽谷，扛着彈藥糧食輸往前線，再把受傷患者送往後方，並擔任援助陣地修築，至四月○○日脫離我的指揮爲止，均默默積極地進行任務。第一線的攻擊以及後方部隊的行動都是艱苦的。

四月下旬進入北部中部的呂宋戡定作戰，於四月○○日再次由我指揮，前進至北

部呂宋山岳地帶，當時懸掛於「巴奇歐」「澎特庫」「魯布阿崗」之間的橋樑與道路，為美、菲軍徹底破壞，阻礙了皇軍的進擊，此時義勇隊主力協助渡邊○○及田邊○○，拼命握鋤修復棧道及道路，握鎚重新架設橋樑，在一個多月的勤奮努力之下，終於使「巴奇歐」與「魯布阿崗」之間可以通車。然而雨季來臨，使道路崩潰，橋樑沖走，秉着不屈不撓的精神更加協助警備隊，迅速修復，使○○的作戰補給未有遺憾。

　　這是由於義勇隊員對皇國聖戰的目標有所認識，全隊以中隊長為核心，鞏固團結與真摯的責任感，奮鬥而來的成果。其功績偉業，特頒獎辭。

　　　　此致

高砂義勇隊第一中隊（第三小隊）

昭和十七年八月廿九日

　　　　　　　　　　　　　　　　　　　　　　　　奈良部隊長

獎　狀

　　大東亞戰爭勃發，高砂挺身報國隊熱烈赤誠地接受軍方要求，踴躍前往菲律賓參加聖戰。現軍方正處於「巴坦」作戰中，報國隊即配屬第一線，挺身於槍林彈雨之中，克服猛暑、疫癘於困難重重的密林中。時而進行清除河道中的魚雷、沈船等作業，時而率先進入前線輸送彈藥糧食，或護送負傷患者至後方。

　　又，繼「巴坦」「寇雷伊豆魯」島作戰之後，菲島戡定作戰開始，報國隊立即參加，排除一切困難修築道路，輸送軍方所需物資，每日勇敢戰鬥。

　　高砂挺身報國隊員強烈的愛國精神、強健的體魄、遵守軍紀，奉行軍令、犧牲奉公，實為台灣島民之榮耀，乃軍方作戰之一大貢獻。然而對於戰爭中死於瘴癘，以及許多陣亡的勇士，不禁衷心同情，於此謹表哀悼之意。

　　完成任務凱旋歸國的勇士，為表揚其顯著的功績，特授獎狀。

　　　　此致

高砂挺身報國隊

昭和十七年九月廿九日

　　　　　　　　　　　　　　　　　　　　　　菲島派遣軍司令官陸軍中將

　　　　　　　　　　　　　　　　　　　　　　　　田中靜壹

參考・引用文獻

書　　名	著者・編者名	發行年月	發行所
1.『生蕃地探檢談』	長野義虎　口述	明治]29年11月記錄	（未刊）
2.『台灣蕃俗圖會』	野口勝一　編輯	明治29年12月	東陽堂
3.『台灣生蕃探檢記』	中島竹窩　著	明治30年2月	博文館
4.『蕃人觀光日記』	藤根吉春　記述	明治30年10月復命	（未刊）
5.『台嶋踏查實記』	石阪莊作　著	明治32年3月	著者發行
6.『台灣蕃人事情』	伊能嘉矩 粟野傳之亟　共著	明治33年3月	台灣總督府
7.『紅頭嶼土俗調查報告』	鳥居龍藏　著	明治35年7月	東京帝國大學
8.『理蕃誌稿』壹編	（伊能嘉矩　編纂）	明治44年6月	台灣總督府民政部蕃務本署
9.『蕃族調查報告書』	臨時台灣舊慣調查會	（「阿眉族卑南族」篇　大正2年3月31日／「阿眉族」篇　大正3年3月17日／「武崙族」前篇　大正4年3月30日／「紗績族」篇　大正6年3月30日／「大么族」前篇　大正7年3月30日／「大么族」後篇　大正9年3月30日／「曹族」篇　大正10年1月25日／「排彎族獅設族」篇　發行日不明）	
10.『蕃族慣習調查報告書』	臨時台灣舊慣調查會	（第一卷　大正4年2月10日／第二卷　大正4年3月31日／第三卷　大正6年3月31日／第四卷　大正7年3月10日／第五卷之一　大正9年3月31日／第五卷之三　大正11年3月31日／第五卷之四　大正10年2月15日／第五卷之五　大正9年3月31日）	
11.『蕃俗一斑』	民政部警察本署	大正5年4月	台灣總督府
12.『台灣蕃族志』第一卷	森丑之助　著	大正6年3月	臨時台灣舊慣調查會
13.『理蕃誌稿』第一編	（伊能嘉矩　編纂）	大正7年3月	台灣總督府警察本署
14.『神話台灣生蕃人物語』	入江曉風　著	大正9年7月	著者發行
15.『理蕃誌稿』第三編	（囑託猪口安喜　編纂）	大正10年3月	台灣總督府警務局
16.『台灣蕃族慣習研究』 　　第一卷〜第八卷	台灣總督府蕃族調查會	大正10年11月	台灣總督府
17.『台灣府誌』同治壬申（1872）	六十七・范咸重修	大正11年5月	台灣經世新報社重版
18.『生蕃國の今昔』	入澤滄　著	大正11年12月	台灣蕃界研究會
19.「北海道・樺太・琉球・台灣」 （『大日本地名辭書』第六卷）	吉田東伍　著	大正12年7月	富山房
20.『謎の生蕃』	田上忠之　著	大正12年9月	謎の生蕃刊行所
21.『生蕃傳說集』	佐山融吉 大西吉壽　共著	大正12年11月	杉田重藏書店
22.『生蕃記』	井上伊之助　著	大正15年3月	警醒社書店
23.『台灣全誌』	藤崎濟之助　著	昭和3年1月	中文館書店
24.『台灣原住民族の向化』	警務局理蕃課	昭和3年4月	台灣總督府
25.『朝鮮台灣アイヌ童話集』	西岡英夫　編	昭和4年10月	近代社
26.『台灣の原始藝術』	宮川次郎　著	昭和5年8月	台灣實業界社
27.『蕃人童話傳說選集』	瀨野尾寧 鈴木質　共著	昭和5年9月	台灣警察協會 台北支部
28.『台灣吾見たり』	宮地硬介　著	昭和6年5月	新高堂
29.『台灣蕃地事情』	岩崎發　著	昭和6年5月	長野盲啞學校研究部

30.『台灣地理風俗大系』　　　　仲摩照久　編輯　　　昭和6年6月　　　新光社
31.『台灣の蕃族』　　　　　　　藤崎濟之助　著　　　昭和6年11月　　　國史刊行會增版
32.『紅頭嶼』　　　　　　　　　稲葉直通　　　　　　昭和6年12月　　　生き物趣味の會
　　　　　　　　　　　　　　　瀬川孝吉　共著
33.『理蕃誌稿』　　　　　　　　（囑託原田倭　編纂）　昭和7年3月　　　台灣總督府警務局
34.『蕃郷風物記』　　　　　　　小泉　鐵　著　　　　昭和7年5月　　　建設社
35.『台灣蕃人風俗誌』　　　　　鈴木　質　著　　　　昭和7年7月　　　理蕃の友發行所
36.『台灣の蕃族研究』　　　　　鈴木作太郎　著　　　昭和7年9月　　　台灣史籍刊行會
37.『蕃地事情』　　　　　　　　警務局理蕃課　　　　昭和8年2月　　　台灣總督府
38.『台灣土俗誌』　　　　　　　小泉　鐵　著　　　　昭和8年9月　　　建設社
39.『佐久間左馬太』　　　　　　財團法人台灣救濟團　昭和8年12月　　財團法人台灣救濟團
40.『女性に映じたる蓬萊ケ島』　高橋鏡子　著　　　　昭和8年12月　　秀陽社圖書出版部
41.『朝鮮台灣支那神話と傳說』　中村亮平　編　　　　昭和9年1月　　　太洋社出版部
42.『台灣の原住民族』　　　　　警務局理蕃課　　　　昭和10年3月　　台灣總督府
43.『理蕃概況』　　　　　　　　警務局理蕃課　　　　昭和10年7月　　台灣總督府
44.『蕃人の奇習と傳說』　　　　田上忠之　著　　　　昭和10年7月　　台灣蕃族研究所
45.『蕃界稗史殉職秘話』　　　　瀨野尾寧　編著　　　昭和10年12月　著者發行
46.『高砂族調査書』　台灣總督府警務局理蕃課　（第一編　昭和11年12月10日／第二編　昭和12年8月7日／第三
　　編　昭和12年11月7日／第四編　昭和12年12月12日／第五編　昭和13年4月5日／第六編　昭和14年3月31日）
47.『台灣地名研究』　　　　　　安倍明義　編著　　　昭和13年1月　　蕃語研究會
48.『台灣大年表』（第4版）　　編輯兼發行人　緒方武歳　昭和13年12月　台北印刷株式會社
49.『台灣風土記』　編輯兼發行人　西川　滿　（卷之一　昭和14年2月14日／卷之二　昭和14年5月12日／卷之三
　　昭和14年10月22日／卷之四　昭和15年3月22日）　　　　　　　　日孝山房
50.『高砂族の話』　　　　　　　上田八郎　編著　　　昭和16年12月　東亞旅行社台灣支社
51.『台灣高砂族住家の研究』第4報　千々岩助太郎　著　昭和17年1月　　台灣建築會
52.『高砂族の婚姻研究』　　　　增田福太郎　著　　　昭和17年9月　　ダイヤモンド社
53.『高砂族』　　　　　　　　　大形太郎　著　　　　昭和17年12月　育生社弘道閣
54.『台灣高砂族住家』第5報　　千々岩助太郎　著　　昭和18年1月　　台灣建築會
55.『高砂義勇隊』　　　　　　　杉崎英信　著　　　　昭和18年7月　　日本出版配給株式會社台北
　　　　　　　　　　　　　　　　　　　　　　　　　　　　　　　　支社
56.『高砂義勇隊記』　　　　　　宮村堅彌　著　　　　昭和18年9月　　東都書籍株式會社
57.『高砂族の彫刻』　　　　　　茅野正名　　　　　　昭和18年10月　日孝山房
58.『原始刑法の探求──　　　　增田福太郎　著　　　昭和19年3月　　ダイヤモンド社
　　高砂族の刑制研究』
59.『未開社會の研究』　　　　　岡田　謙　著　　　　昭和19年4月　　弘文堂
60.『高砂族パイワヌの民藝』　　小林保祥　著　　　　昭和19年4月　　三國書房
61.『台灣原住種族の原始藝術研究』佐藤文一　著　　　昭和19年5月　　理蕃の友
62.『高砂族の祭儀生活』　　　　古野清人　著　　　　昭和20年3月　　三省堂

編 後 記

　　我在日本共立女子大學張良澤教授的研究室做翻譯工作將近一年了。這一年中，接觸到的幾乎都是有關戰前的台灣文獻，無形中吸收了一些菁華。而原本連台灣歷史都不知道的我，才開始意識到台灣文學的存在，也才明白自己真正的故鄉並不是「秋海棠」而是「蕃薯」。

　　記得去年六月，為了前衛出版社舉辦的「芹田騎郎《由加利樹林裏》畫展」，曾帶領着芹田一家人參觀了前衛出版社。在社長林文欽先生的辦公室掛着一幅畫，這幅畫給我的印象很深；沒有背景，只有一條被綁着粗麻繩的「大蕃薯」。林文欽先生說，這幅畫正象徵着台灣人的命運。

　　在前輩們有意無意的引導中，我有幸加入了台灣文學的行列，更得張教授的信賴，讓我觸摸了他無數的「寶藏」。尤其當我第一眼看到張教授有關原住民的寫真明信片，着實震撼了我的心。一張看過一張，有的讓我害怕，有的讓我驚訝，有的讓我感動，張張都是原住民的生活史。這是我與原住民的第一次「接觸」。

　　第二次「接觸」是在去年的八月三日，我參加了由春泉文教基金會在東勢林場舉辦的「第三屆台灣新文學夏令營」，聽了瓦歷斯・諾幹幽默而坦率的演講。晚上的同樂會邀請了原住民樂團，活生生地短短「接觸」，親身感受到他們的活力、坦率與寡言，實在是個很可愛的民族。

　　對於民族學外行的我，兩次的「接觸」使我決心邁向這一方面的研究，以此來回饋我出生的這一塊原住民土地。

　　於是在張教授多方面的建議與鼓勵之下，我選擇了第一塊試金石──『Formosa原住民寫真&解說集』。這是一本以相片為主，文字為輔的書。而這些有關原住民的相片，全是張教授積多年心血，節省開支一點一滴收藏的珍貴美術明信片。經張教授整理編號，加以日文說明，實在不是原先想像的那麼簡單。

　　在翻譯的過程中，最令我傷感而頭痛的，莫過於隱藏了民族歧視的「蕃」字。又深怕脫離原文之意，絞盡腦汁，配合前後文盡量挑選適當的文字。而令我覺得最有意思的是原住民各族天真的傳說與神話。

　　這是我有生以來出版的第一本書，因為這本書使我獲得不少的經驗。其實，為了完成這本書，在幕後還有許多大功臣。由於我的文筆不夠熟練，翻譯經驗尚淺，不得不勞師動眾詳加核校，於此由衷地感激前衛出版社的工作同仁大力協助。更感激對「寶藏」一向吝嗇的張教授，大量地提供珍貴的資料及寶貴的意見。謝謝！

戴嘉玲

二○○○年一月七日（滿四十歲）
完稿於八王子寓所

國家圖書館出版品預行編目資料

FORMOSA原住民寫真 & 解說集 / 張良澤監修；
戴嘉玲編譯. -- 初版. -- 台北市：前衛，
2000 [民89]. 176面；18.5×26公分.

參考書目：2面
ISBN 978-957-801-245-5（精裝）

1. 台灣原住民 - 圖錄

536.29   89003465

《原住民寫眞&解說集》

監　　修　張良澤
編　　譯　戴嘉玲
出 版 者　前衛出版社
　　　　　10468 台北市中山區農安街153號4F之3
　　　　　Tel: 02-25865708　Fax: 02-25863758
　　　　　郵撥帳號：05625551
　　　　　E-mail: a4791@ms15.hinet.net
　　　　　http://www.avanguard.com.tw
出版總監　林文欽
法律顧問　南國春秋法律事務所 林峰正律師
出版日期　2000年04月初版第 1 刷
　　　　　2013年10月初版第 5 刷
總 經 銷　紅螞蟻圖書有限公司
　　　　　台北市內湖舊宗路二段121巷28.32號4樓
　　　　　Tel: 02-27953656　Fax: 02-27954100

©Avanguard Publishing House 2000
Printed in Taiwan　ISBN 978-957-801-245-5
定　　價　新台幣600元